RETAIL DESIGN

ESPAÇOS ONDE AS MARCAS ATRAEM E ENVOLVEM OS CONSUMIDORES

Copyright © 2021 de Bárbara Greca Cassou
Todos os direitos desta edição reservados à Editora Labrador.

Coordenação editorial
Pamela Oliveira

Diagramação e capa
Amanda Chagas

Assistência editorial
Larissa Robbi Ribeiro

Preparação de texto
Gabriela Rocha Ribeiro

Assessoria Legal e Executiva
Maria Julia Camargo

Revisão
Laila Guilherme

Projeto gráfico e direção de arte
Leonardo Schiavina

Imagens da capa
Clemente Vergara

Dados Internacionais de Catalogação na Publicação (CIP)
Jéssica de Oliveira Molinari - CRB-8/9852

Cassou, Bárbara Greca
  Retail design : espaços onde as marcas atraem e envolvem os consumidores / Bárbara Greca Cassou. -— São Paulo : Labrador, 2021.
  304 p : color.

Bibliografia
ISBN 978-65-5625-177-6

1. Decoração de interiores 2. Lojas - Decoração I. Título

21-3465   CDD 747

Índice para catálogo sistemático:
1. Decoração de interiores

Editora Labrador
Diretor editorial: Daniel Pinsky
Rua Dr. José Elias, 520 – Alto da Lapa
05083-030 – São Paulo/SP
+55 (11) 3641-7446
contato@editoralabrador.com.br
www.editoralabrador.com.br
facebook.com/editoralabrador
instagram.com/editoralabrador

A reprodução de qualquer parte desta obra é ilegal e configura uma apropriação indevida dos direitos intelectuais e patrimoniais da autora.

A Editora não é responsável pelo conteúdo deste livro. A autora conhece os fatos narrados, pelos quais é responsável, assim como se responsabiliza pelos juízos emitidos.

BÁRBARA CASSOU

RETAIL DESIGN

ESPAÇOS ONDE AS MARCAS ATRAEM E ENVOLVEM OS CONSUMIDORES

RETAIL DESIGN HUB

SU
MÁ
RIO

1 INTRODUÇÃO: O QUE É RETAIL DESIGN? 7

2 HISTÓRIA DO RETAIL DESIGN 13

3 TIPOS DE RETAIL 24
Flagship store 26
Loja-conceito 33
Pop-up store 38
Loja de departamento e multimarcas 46
Shop in shop 58
Quiosque 68
Instalações 75
Showroom 80
Marketing de guerrilha 90

4 ESTRATÉGIA DE RETAIL 94
O poder da estratégia no retail 102
Descobrir 106
    Fatores externos 108
    Fatores internos 116
Definir 122
    Visibilidade 122
    Layout 130
    Customer journey 138
    Conceito e imagem 148
    Experiência 154
    Visual merchandising 158
Design 170
Resultado 179

5 FUTURO E TENDÊNCIAS DO RETAIL DESIGN 184
Storytelling 189
Experiência 196
Omnichannel 210
Rotatividade 222
Adaptação a diferentes culturas 233
Customização e cocriação 244
Retail x arte 254
Sustentabilidade 264
Luxo descontraído 273
Transparência e autenticidade 282

6 CONCLUSÃO 291

7 CRÉDITOS 296

BIBLIOGRAFIA 300

AGRADECIMENTOS 302

1 INTRODUÇÃO: O QUE É RETAIL DESIGN?

Retail design é uma disciplina técnica e criativa que combina diversas áreas de design, arquitetura e marketing para projetar um espaço comercial. É um dos pilares da estratégia e da imagem de uma marca. É a combinação de design de interiores, design de produto, design gráfico, iluminação, arquitetura, visual merchandising, estratégia de vendas, marketing, cenografia e publicidade. É um complexo sistema de técnicas orientadas para favorecer a decisão de compra do consumidor, com dois principais objetivos: aumentar as vendas e ajudar a construir a reputação da marca em questão.

Antes de projetar um espaço e pensar no retail design da marca, é preciso fazer uma série de pesquisas e considerar fatores internos e externos que influenciam a marca e seu ponto de venda. Consideramos fatores internos tudo o que faz parte e é definido pela própria marca, por exemplo: branding; estratégia de marca; público-alvo; missões e valores da marca, sua categoria, seus produtos e serviços. Fatores externos são os agentes que influenciam este mesmo espaço espontaneamente, como: concorrentes diretos e indiretos; comportamentos de consumo; novos modelos de negócio e tecnologia; realidade de mercado; e aspectos culturais, políticos e econômicos.

Retail designers possuem a missão de criar ambientes relacionados a uma determinada marca, respeitando seus

1. O QUE É RETAIL DESIGN?

códigos e valores, direcionados a um público-alvo específico e uma determinada cultura. Esses espaços devem ser pensados tanto no nível do design como da estratégia de retail para se destacarem de seus entornos altamente competitivos, convertendo um observador em um comprador.

A era de vendas on-line também veio para facilitar as compras, que se tornaram mais ágeis e acessíveis. Isso acabou mudando o papel das lojas físicas, as quais deixaram de ser somente um espaço com prateleiras para expor produtos e transformaram-se em ambientes que trazem uma experiência diferenciada para o consumidor, que passa a se conectar emocionalmente com a marca.

Inovação, experiência, relacionamento com o consumidor e diferenciação competitiva são os maiores desafios do retail, seja em termos de estratégia ou design. Afinal, uma loja não pode ser somente estética, deve também ser eficiente na área de vendas, experiência e imagem de marca.

Neste livro encontramos tudo o que engloba o retail design: uma breve história de como ele surgiu; os diferentes tipos de retail; um guia básico sobre estratégia de retail e maneiras de comunicar uma marca através dele, captando consumidores; e o futuro e as principais tendências do retail design. Tudo isso ilustrado com os projetos mais inovadores e criativos do mundo.

LOJA: DARIAL BARCELONA
SITE: DARIAL.COM
FOTO: CLEMENTE VERGARA

DARIAL
Barcelona, Espanha

Darial é uma loja multimarcas conceitual localizada no bairro Eixample, em Barcelona. O próprio diretor criativo da loja, Djaba Diassamidze, foi o idealizador do projeto e também faz a curadoria minuciosa das marcas e dos produtos vendidos ali.

O alto pé-direito do espaço, sustentado por pilares estreitos, foi enfeitado com palmeiras em acabamento dourado. Decorações exóticas, obras-primas de design e referências cinematográficas relembram o clima de um filme Art Déco. Grandes biombos pretos completam a decoração inspirada no século XX, criando um cenário especial para as peças e marcas de luxo em exposição.

A loja também conta com uma pequena livraria que vende livros de arte e de design, uma galeria de arte no subsolo e um restaurante chamado Le Léopard.

RETAIL DESIGN HUB

2
HISTÓRIA DO RETAIL DESIGN

Mas de onde vem o retail design?

O termo é recente, porém sua prática nasceu anos atrás, com a consolidação do comércio no Ocidente industrializado, época em que comerciantes utilizavam formas intuitivas e técnicas variadas para rentabilizar suas lojas. Baseavam-se na sua própria experiência e no conhecimento da sua clientela. Mais tarde

RETAIL
DESIGN
HUB

essas técnicas foram sendo aprimoradas, estudadas e classificadas de modo metodológico. Antigamente, em vários setores do comércio, os proprietários expunham seus produtos de uma maneira visualmente bonita e organizada na frente de seus armazéns, para chamar a atenção dos clientes que ali passavam. Floriculturas deixavam em exposição seus ramos de flores mais lindos para fora da loja, e carniçarias penduravam as suas peças mais suculentas na fachada para comunicar aos clientes o que tinham de melhor a oferecer. Geralmente, essas lojas eram negócios familiares, nos quais cada proprietário era dono de seu local e as pessoas compravam diretamente deles. Com o avanço da sociedade e do comércio, esses negócios começaram a crescer horizontalmente, de modo que era possível identificar mais de uma loja da mesma marca. O avanço da Revolução Industrial trouxe a possibilidade de produzir vidro em grandes dimensões, surgindo, assim, as vitrines. A partir daí os vendedores podiam deixam seus produtos visivelmente expostos, mas ao mesmo tempo protegidos dentro dos estabelecimentos.

O setor da moda, mais precisamente, deu um grande salto durante essa época. Anteriormente, eram os ateliês de costura que prevaleciam no setor. Ambientes exclusivos, onde se desenhavam e confeccionavam as roupas personalizadas para cada cliente, a chamada "alta-costura". O mundo pós-primeira e segunda guerras e a democratização da sociedade criaram a demanda por roupas ready--to-wear ("prontas para vestir") e não tão artesanais, tampouco exclusivas e caras. Assim surgiram as primeiras fashion boutiques, estabelecimentos que vendiam roupas em série.

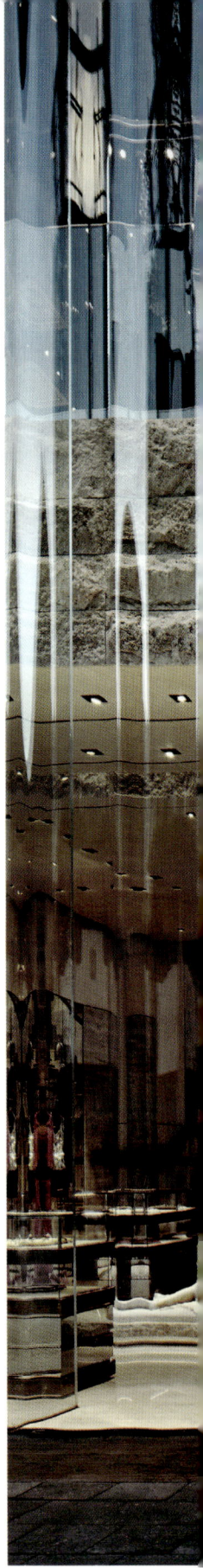

RETAIL DESIGN HUB

2. HISTÓRIA DO RETAIL DESIGN

ESTÚDIO: CURIOSITY
SITE: CURIOSITY.JP
MARCA: DOLCE & GABBANA
FOTO: ALESSANDRA CHEMOLLO

RETAIL DESIGN HUB

2. HISTÓRIA DO RETAIL DESIGN

Uma nova onda de retail nascia nesse momento: mais consolidada, segmentada e industrializada, fazendo as marcas se expandirem e chegarem a outros países e continentes. Para manter uma identidade forte, as marcas replicavam suas lojas igualmente pelo mundo, criando uma imagem homogênea em ruas e centros comerciais.

Os avanços da tecnologia no setor têxtil, a produção de roupas em grande escala, a criação de novos serviços e o aumento da concorrência foram fatores que contribuíram para o surgimento das lojas de departamento: grandes estabelecimentos com diferentes marcas e produtos agrupados por categorias.

A primeira loja de departamento surgiu em Paris, chamada Le Bon Marché, e trazia a ideia de um espaço que vendesse todo tipo de artigos, pelo qual o público circulava livremente. Esse conceito estendeu-se mais tarde a Nova York, com a famosa Macy's, e a Londres, com a renomada Selfridges, a qual ganhou destaque ao criar um sistema de iluminação dentro das vitrines que as mantinha acesas até mesmo durante a noite.

Foi no século XIX que nasceu o primeiro termo relacionado ao retail design: o visual merchandising.

O visual merchandising e outras técnicas do retail design começaram a ser estudados e aprimorados quando comerciantes perceberam a necessidade de oferecer aos seus clientes a mesma experiência da fachada e das vitrines dentro dos seus estabelecimentos. Isso gerou, cada vez mais, um cuidado especial ao projetar as lojas, escolher sua localização, pensar no seu público-alvo e nos tipos de expositores a usar. Atualmente, as marcas dedicam tempo e dinheiro tanto no design das suas lojas como no seu marketing e lançamentos.

O crescimento da era digital trouxe para a população maior acesso, facilidade de compras e variedade de produtos. Porém, lojas físicas e e-commerce não estão no mercado para eliminar uma à outra, e sim complementar-se. A internet é superior à loja física somente em termos de disponibilidade, acessibilidade e comparabilidade de produtos e preços. Já a experiência palpável e o touch and feel que as lojas físicas possuem são insubstituíveis.

Ao longo do tempo, o retail design passou de uma simples transação de troca para uma relação de empatia com o consumidor, de modo que, hoje, o mundo físico e o digital mesclam-se, unindo forças.

DOLCE & GABBANA BY CURIOSITY
Miami, Estados Unidos

Por trás da vitrine feita em vidro ondulado, como se fosse uma cortina transparente, a Dolce & Gabbana apresenta toda a sua teatralidade projetada pelo estúdio de arquitetura Curiosity. O conceito da loja, localizada no Design District, em Miami, baseia-se em transportar os visitantes para o mundo da marca, que tem como principal código a sua origem italiana.

O projeto traz uma fusão entre o passado e o presente, sendo que o presente se dá por elementos da arquitetura contemporânea, como a escadaria reta feita em mármore travertino, a fachada de vidro ondulado e os expositores modulares de espelho. Já a menção ao passado e à cultura italiana, que é tão presente como código da Dolce & Gabbana, se dá por meio de esculturas expostas dentro da loja, um grande espelho dourado esculpido à mão e elementos revestidos de pedra rústica.

2. HISTÓRIA DO RETAIL DESIGN

ESTÚDIO: HANNES PEER ARCHITECTURE
SITE: HANNESPEER.COM
MARCA: Nº 21
FOTO: HANNES PEER ARCHITECTURE

2. HISTÓRIA DO RETAIL DESIGN

Nº 21 BY HANNES PEER
Seul, Coreia do Sul

O contraste entre épocas também está presente nas lojas da marca italiana Nº 21, projetadas pelo arquiteto Hannes Peer.

O destaque principal do projeto, que já é símbolo do retail design da marca, é a mesa central de madeira estilo Art Déco, seccionada em seis partes colocadas dentro de cubos de vidro. Esse ponto extra de elementos pós-modernistas, com acabamentos e arquitetura totalmente contemporâneos, torna o projeto tão especial.

O arquiteto também usa dois artifícios importantes como estratégia de design da loja: grandes janelas que trazem maior visibilidade do interior para quem passa do lado de fora na rua e o uso de diferentes materiais no piso para delimitar áreas e organizar melhor o visual merchandising.

3 TIPOS DE RETAIL

FLAGSHIP STORE

Originalmente, o termo flagship veio das tradições navais. Chamava-se assim o navio líder de uma frota, geralmente maior, mais rápido e mais armado. Esse termo passou a ser usado no comércio como metáfora para determinar quando um produto, uma ideia, um serviço ou uma tecnologia possui o perfil mais alto e mais importante dentro da gama de uma empresa.

Com essa mesma ideia nasceram as flagship stores, que são lojas importantes no que diz respeito a imagem, localização e principalmente pontos de vendas, comparadas com os demais pontos de vendas da marca. São lojas que possuem mais volume de mercadorias, muitas vezes com produtos e serviços diferenciados, localizadas em áreas com alto fluxo de pessoas e que recebem um maior investimento para imagem, design e implementação.

A flagship store deve ser tratada com muita atenção, já que é usada como imagem principal da marca. Sua função, além de impulsionar as vendas, é criar experiência de marca para o consumidor, tornando-se um destino que as pessoas querem visitar. Geralmente, as melhores flagship stores são também atrações turísticas, como as lojas localizadas na Fifth avenue, em Nova York, e na Champs-Élysées, em Paris.

> **Flagship stores são as lojas mais importantes em nível de imagem, localização e principalmente de vendas.**

ESTÚDIO: HALLEROED
SITE: HALLEROED.COM
MARCA: AXEL ARIGATO
FOTO: ERIK UNDÉHN

3. TIPOS DE RETAIL

AXEL ARIGATO BY HALLEROED
Copenhague, Dinamarca

A flagship store da marca Axel Arigato, em Copenhague, possui dois andares, totalizando 270 m² e foi assinada pelo estúdio Halleroed. A marca, que começou vendendo somente tênis on-line, hoje conta com lojas físicas e outras gamas de produtos em seu catálogo.

Para essa flagship store, o arquiteto Christian Halleröd e o diretor criativo da marca, Max Svärdh, decidiram criar um espaço monocromático e "brutalista", contrastando com os expositores e móveis totalmente orgânicos, esculturais e com cores vibrantes. Esse look and feel, que mescla um ambiente sóbrio e industrial com o mobiliário icônico e criativo, traz um senso estético de galeria de arte para a loja, onde os produtos da marca e o cliente ganham destaque no ambiente, como se fossem objetos artísticos.

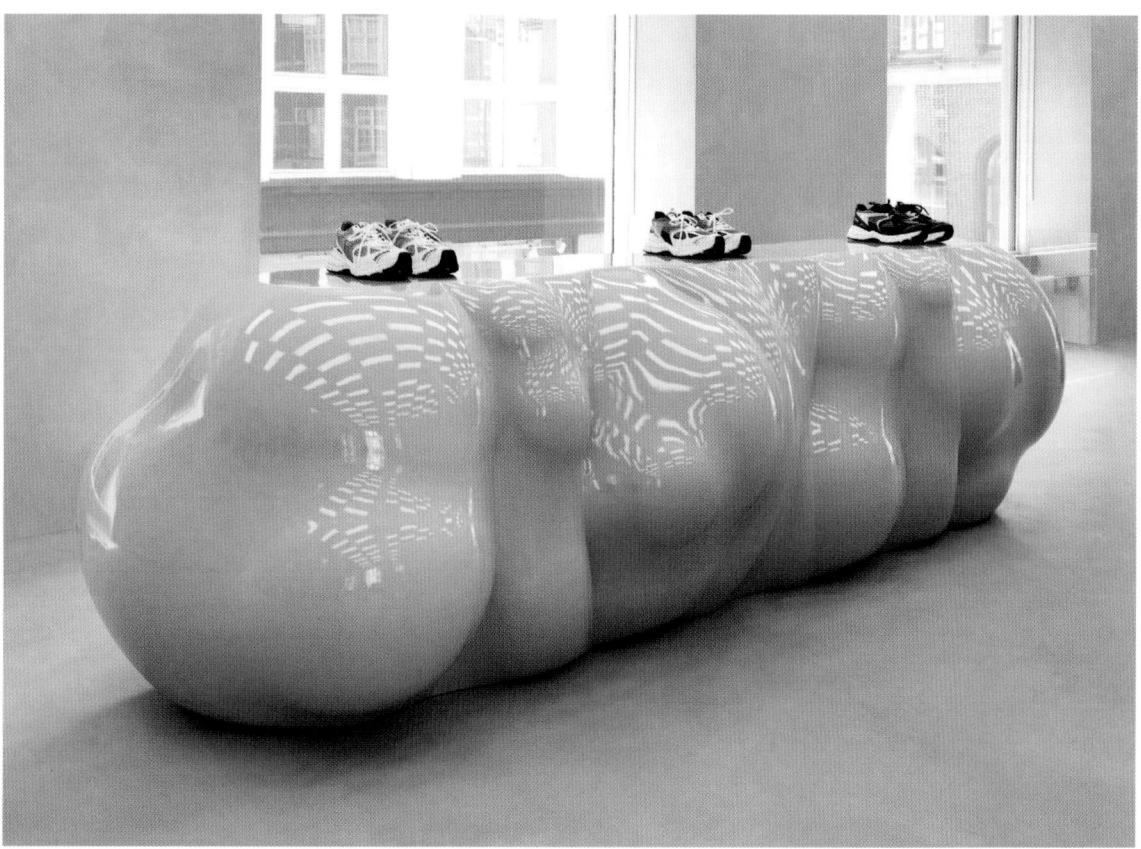

MONCLER BY CURIOSITY
Dubai, Emirados Árabes

Para a primeira flagship store da Moncler, em Dubai, o estúdio de arquitetura Curiosity tinha um grande desafio: fazer a marca se destacar de seus concorrentes. Essa tarefa não era fácil, visto que a loja estaria localizada no Dubai Mall, o segundo maior shopping do mundo.

O estúdio se baseou nas origens da Moncler para criar o conceito da loja. Seu nome surgiu da abreviação do nome de um alpe francês. Então, nada melhor que trazer um iceberg para o deserto de Dubai.

Essa ideia foi concretizada por meio do mármore branco Calacatta Michelangelo, como revestimento da fachada da loja. O mármore foi deixado irregularmente acabado nas extremidades para fazer referência aos Alpes franceses e à neve. O interior da loja possui tons sóbrios, variando entre o cinza e o preto, trazendo contraste com a fachada branca e destacando ainda mais o ambiente.

ESTÚDIO: CURIOSITY
SITE: CURIOSITY.JP
MARCA: MONCLER
FOTO: ALESSANDRA CHEMOLLO

3. TIPOS DE RETAIL

LOJA-CONCEITO

Similares às flagship stores, as lojas-conceito também possuem um alto valor investido e estão localizadas em lugares estratégicos. A principal diferença entre elas, porém, é que nem sempre são líderes em vendas, visto que são muito mais utilizadas como imagem da marca, marketing e mídia.

As lojas-conceito possuem o DNA da marca como qualquer outra, porém são mais livres e inovadoras no design, transmitindo com mais intensidade o lifestyle da marca em questão. São lojas que possuem uma curadoria de produtos minuciosa, às vezes recebendo edições limitadas e peças exclusivas somente encontradas lá.

São, mais que nada, espaços aspiracionais, focados em experiência e visual merchandising. Algumas vezes também incorporam outros territórios como café, área de eventos e cinema, como a Gucci de Wooster Street, em Nova York. Isso ajuda a criar uma conexão entre o consumidor e a marca, fazendo-o imergir em seu lifestyle.

> **São espaços aspiracionais, focados em experiência de marca e visual merchandising inovador.**

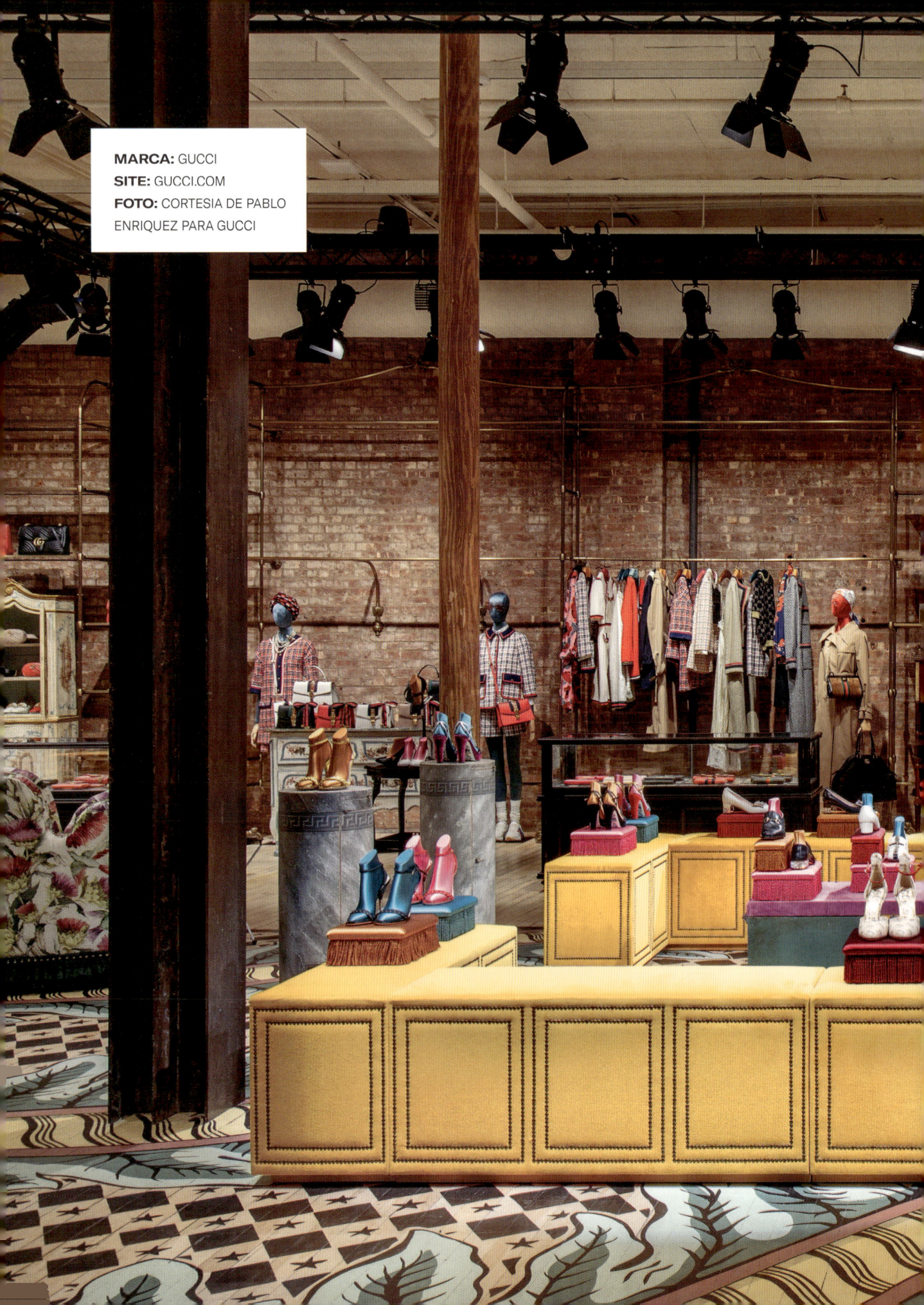

MARCA: GUCCI
SITE: GUCCI.COM
FOTO: CORTESIA DE PABLO ENRIQUEZ PARA GUCCI

3. TIPOS DE RETAIL

GUCCI WOOSTER
Nova York, Estados Unidos

Durante os anos 1970 e 1980, o bairro Soho, em Nova York, era o centro da música, da arte, da literatura, da moda e do cinema. Foi palco de grandes nomes como Jean-Michel Basquiat e Andy Warhol.

O espírito dessa época corre solto na loja-conceito da Gucci na Wooster Street, no Soho, uma loja de quase 1.000 m² que mantém a atmosfera e o look and feel do edifício de 155 anos em que está instalada. Paredes de tijolo aparente, iluminação cênica com treliças de ferro e expositores de estruturas metálicas deixam o ambiente com clima industrial, característico do bairro.

O objetivo da loja-conceito foi trazer para o seu público essa filosofia eclética e criativa da Gucci, conectando-o ainda mais com a marca e oferecendo novas maneiras de descobrir produtos e lançamentos.

A loja possui uma sala de projeção com tecnologia 3D, fones de ouvido e poltronas de veludo, onde os clientes podem assistir a filmes e documentários.

POP-UP STORE

Pop-up stores são, basicamente, lojas temporárias e itinerárias, em geral cenográficas e com muito storytelling, que servem para comunicar novas coleções e lançamentos. Podem ser implementadas não somente para vender produtos, mas também para auxiliar no posicionamento de marca, criando impacto e chamando a atenção dos consumidores. Elas são montadas, passando por lugares diferentes, atingindo localizações fora do usual, chegando até o seu público-alvo, onde quer que ele esteja. Muitas vezes possuem edições limitadas e são interativas, gerando mídia e aumentando a visibilidade da marca em questão.

As pop-up stores carregam sempre um espírito criativo, oferecendo produtos diferenciados, posicionando a marca no mercado, provocando a curiosidade do público e, consequentemente, trazendo maior visibilidade para as marcas.

> **Pop-up stores são lojas temporárias e itinerárias, geralmente cenográficas e com muito storytelling.**

PRADA HYPER LEAVES
Paris, França

Em uma parceria com a loja parisiense Galeries Lafayette, a Prada criou uma super pop-up store com direito a instalações artísticas por todo o ambiente e vitrines inspiradas pelo tema "natureza selvagem".

RETAIL
DESIGN
HUB

MARCA: PRADA
SITE: PRADA.COM
FOTO: CORTESIA DE PRADA

3. TIPOS DE RETAIL

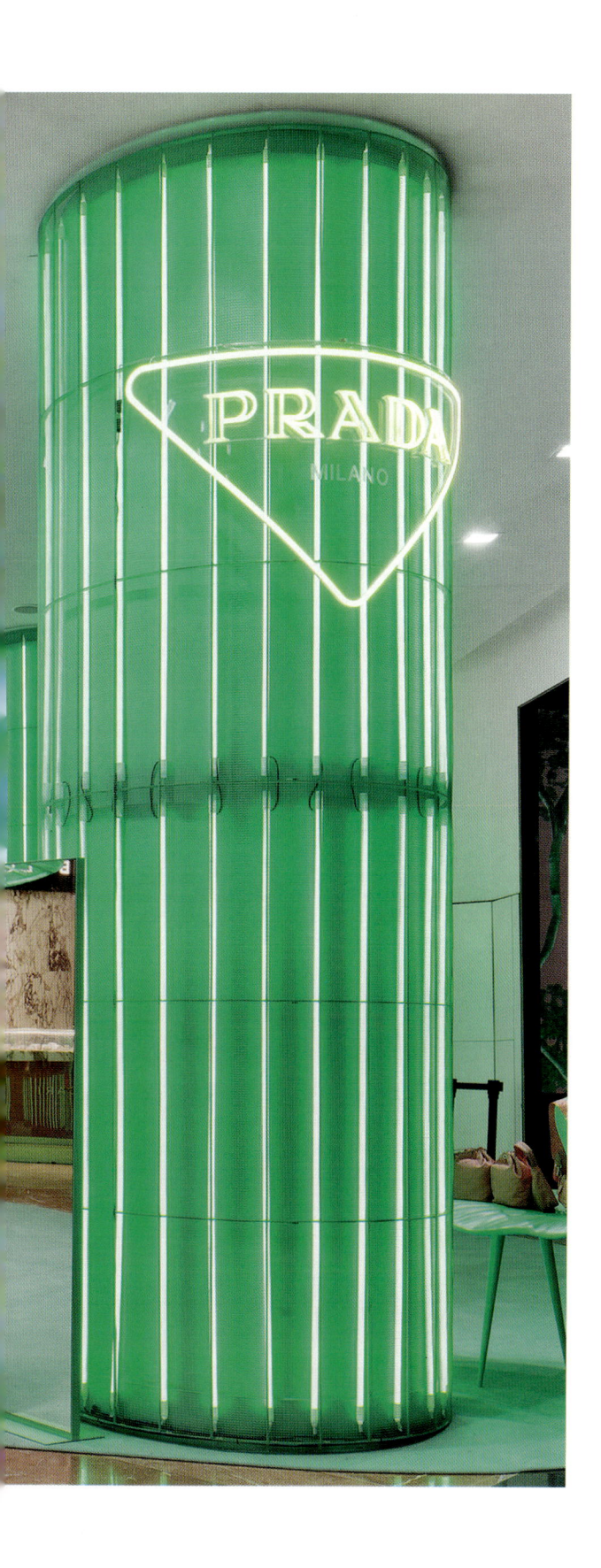

A pop-up store como um todo ocupou 77 m² dentro da loja de departamento, feita em malha metálica pintada de verde e luzes de neon. Uma grande árvore foi produzida nos mesmos materiais e tons esverdeados e exposta no centro do pátio interno da Galeries Lafayette. Os displays para expor bolsas, sapatos e acessórios possuíam formatos de folhas, completando o tema e o conceito da pop-up store, trazendo ainda mais storytelling para a loja.

RETAIL
DESIGN
HUB

ESTÚDIO: MONUMENT OFFICE
SITE: MONUMENTOFFICE.COM
MARCA: NIKE
FOTO: CORTESIA DE MONUMENT OFFICE

3. TIPOS DE RETAIL

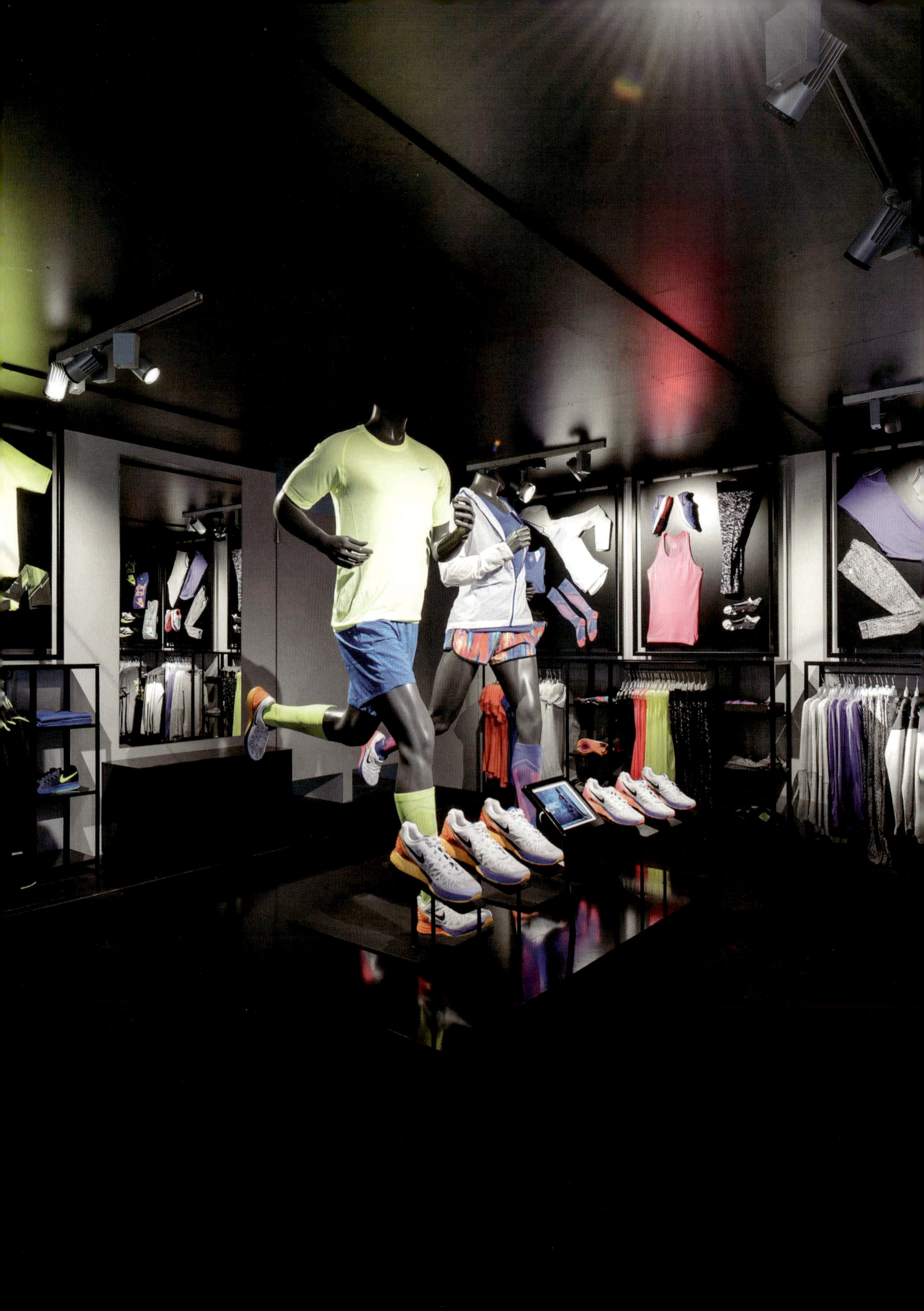

3. TIPOS DE RETAIL

WE RUN PRG BY MONUMENT OFFICE
Praga, República Tcheca

Para celebrar e divulgar a maratona promovida pela Nike na cidade de Praga, na República Tcheca, uma pop-up store foi instalada na famosa praça Wenceslas Square, que serviu como teaser do evento que viria a acontecer.

O projeto foi concebido pelo estúdio Monument Office, desde o design até a execução. O centro da pop-up store foi construído a partir de sete estruturas de contêineres, que foram desmontadas e remontadas na linha de chegada no dia da maratona.

LOJA DE DEPARTAMENTO E MULTIMARCAS

Lojas de departamento carregam o conceito de vender vários tipos de artigos e diferentes categorias em um só lugar, onde os clientes podem circular livremente entre as marcas, escolhendo o que necessitam.

A primeira loja de departamento foi a Le Bon Marché, em Paris. Este conceito de loja estendeu-se para outras grandes metrópoles e hoje está até mesmo em pequenas cidades. A Selfridges, em Londres, ganhou destaque por ser pioneira ao dar maior atenção às vitrines, colocando um sistema de iluminação dentro delas para que se mantivessem iluminadas inclusive à noite.

Desde seu surgimento até os dias atuais, as lojas de departamento foram se reinventando, melhorando seu marketing e visual merchandising. Agora já não são apenas lojas que vendem artigos diversos; são marcas consolidadas que atraem os consumidores por seu nome, sua arquitetura e seu status.

Podemos classificá-las em dois tipos: as grandes lojas de departamento comerciais e as lojas multimarcas de curadoria.

As **lojas de departamento comerciais** são espaços em que cada marca possui seu local delimitado e customizado com seus próprios códigos; geralmente estão localizadas em grandes edifícios, dedicando um andar por setor (feminino, masculino, casa, cosméticos, eletrônicos e alimentos). Exemplos de lojas de departamento comerciais são: Galeries Lafayette, em Paris; KaDeWe, em Berlim; e La Rinascente, na Itália.

Já as **lojas de curadoria e multimarcas** são locais menores e mais conceituais, onde as marcas estão misturadas entre si sem ter espaços personalizados; possuem produtos mais exclusivos, escolhidos acuradamente e um ambiente com design inovador. Exemplos de lojas de curadoria e multimarcas são: Darial, em Barcelona, e The Webster, em Los Angeles.

3. TIPOS DE RETAIL

RETAIL DESIGN HUB

ESTÚDIO: ADJAYE ASSOCIATES
SITE: ADJAYE.COM
MARCA: THE WEBSTER
FOTO DO EXTERIOR: LAURIAN GHINITOIU

3. TIPOS DE RETAIL

Lojas de departamento e multimarcas são ambientes muito competitivos para as marcas, que lutam para se destacar nesse espaço através da sua comunicação visual, seu visual merchandising e seu design. Nas lojas comerciais, as marcas podem expressar-se melhor, deixando essa competitividade acirrada. Alguns exemplos de ações utilizadas para a loja se destacar são: criar decorações e visual merchandising atraentes; colocar produtos de lançamento e desconto em lugares estrategicamente visíveis; e deixar a logomarca o mais aparente possível, ao nível do olhar das pessoas. Já nas lojas multimarcas de curadoria, essas técnicas não poderiam ser aplicadas, uma vez que as marcas não possuem seus espaços personalizados. Em compensação, podem criar produtos exclusivos para essas lojas, fazendo parcerias com artistas, com a própria loja ou pocket collections, captando a curiosidade do consumidor.

THE WEBSTER BY ADJAYE ASSOCIATES
Los Angeles, Estados Unidos

The Webster é uma loja multimarcas que começou em 2009, dentro de um antigo hotel em South Beach, em Miami. Uma década depois de sua abertura expandiu-se pelos Estados Unidos, abrindo mais quatro lojas em diferentes cidades. A quinta loja, localizada em Los Angeles, foi assinada pelo estúdio de arquitetura Adjaye Associates.

A loja fica justaposta abaixo da estrutura de oito andares do Los Angeles Beverly Center. Sua fachada de concreto em balanço faz referência à arquitetura "brutalista" do edifício original existente. Toda a loja foi projetada em concreto com injeção de um corante rosa, cor que faz parte da identidade da marca The Webster e é inspirada no famoso pôr do sol róseo da Califórnia. Dessa maneira, a loja se destaca completamente do seu arredor.

O espaço em si é uma grande escultura. A fachada, o interior, o teto, os pontos de iluminação e expositores são todos esculpidos com o mesmo concreto rosa. A entrada principal da loja possui uma vitrine panorâmica, composta por vidros curvados que convidam os clientes a entrar.

ESTÚDIO: ADJAYE ASSOCIATES
SITE: ADJAYE.COM
MARCA: THE WEBSTER
FOTO DO INTERIOR: DROR BALDINGER

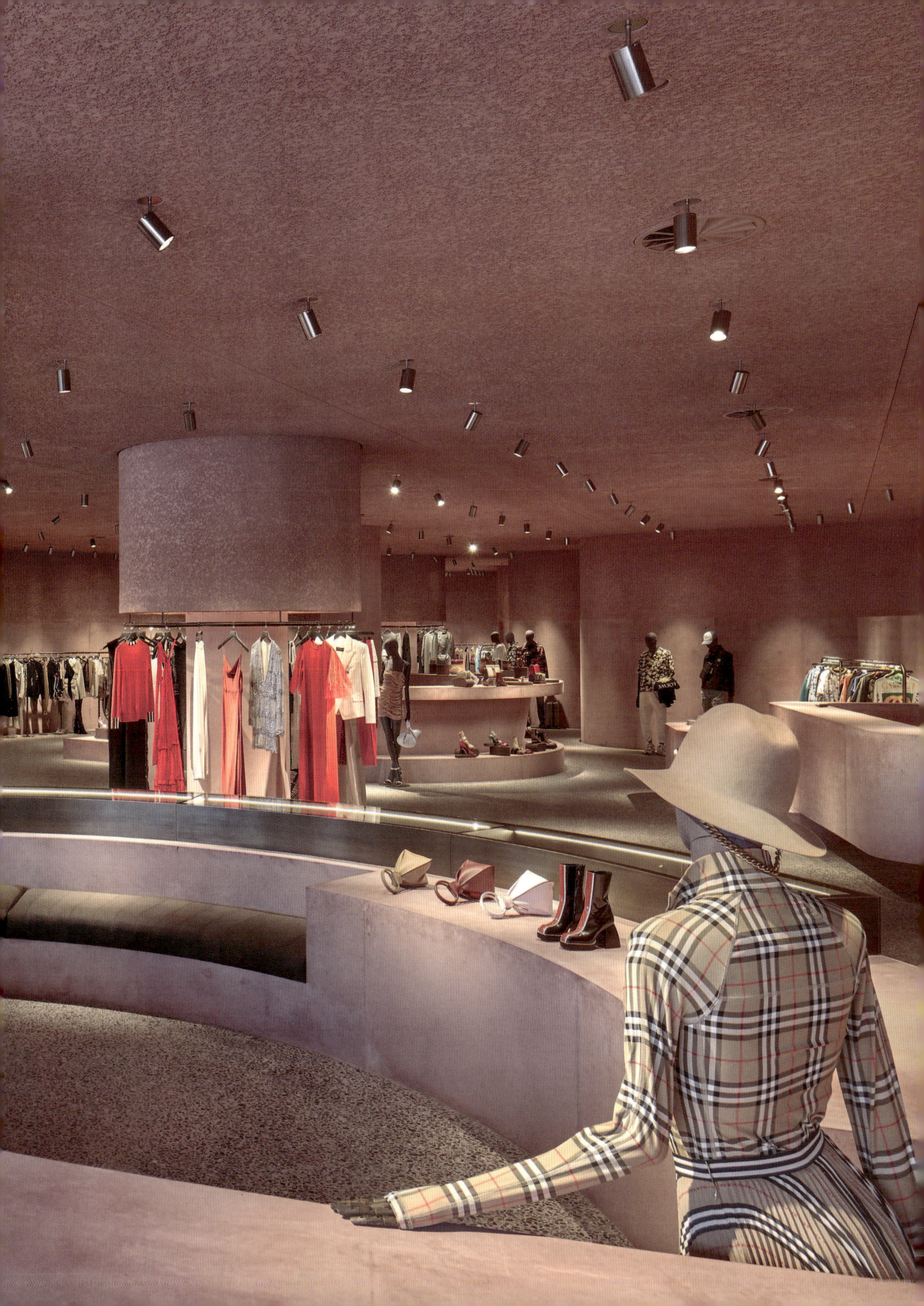

ESTÚDIO: BJARKE INGELS GROUP
SITE: BIG.DK
MARCA: GALERIES LAFAYETTE
FOTO: MICHEL FLORENT & BIG (BJARKE INGELS GROUP)

GALERIES LAFAYETTE (CHAMPS-ÉLYSÉES) BY BJARKE INGELS GROUP
Paris, França

Liderando o mercado de lojas de departamento, a Galeries Lafayette, além de estar na França, também está presente em outras cidades do mundo, como Berlim, Xangai, Dubai, entre outras.

A loja de 6.800 m², localizada na famosa avenida Champs-Élysées, em Paris, foi assinada por um dos arquitetos mais respeitados atualmente: Bjarke Ingels. O edifício Art Déco, onde está instalada, era um antigo banco em 1932 e hoje passou a ser destino de moda, gastronomia e lifestyle.

RETAIL DESIGN HUB

ESTÚDIO: BJARKE INGELS GROUP
SITE: BIG.DK
MARCA: GALERIES LAFAYETTE
FOTO: MATTHIEU SALVAING & BIG (BJARKE INGELS GROUP)

3. TIPOS DE RETAIL

RETAIL
DESIGN
HUB

O projeto da loja consiste em manter vivos os detalhes do antigo edifício, incorporando elementos e expositores contemporâneos para dentro dele. O interior foi tratado como se fosse uma galeria. A composição de elementos arquitetônicos e expositores icônicos guia os consumidores pela loja, define as áreas de diferentes categorias e gera experiência de compra.

Os expositores dos produtos variam de acordo com cada ambiente, por exemplo: em uma grande parede curvada feita com blocos vazados são expostos óculos de sol; em uma esteira rolante passam bolsas e acessórios; tapetes lineares se estendem em diferentes alturas, expondo sapatos.

ESTÚDIO: BJARKE INGELS GROUP
SITE: BIG.DK
MARCA: GALERIES LAFAYETTE
FOTO: MICHEL FLORENT & BIG (BJARKE INGELS GROUP)

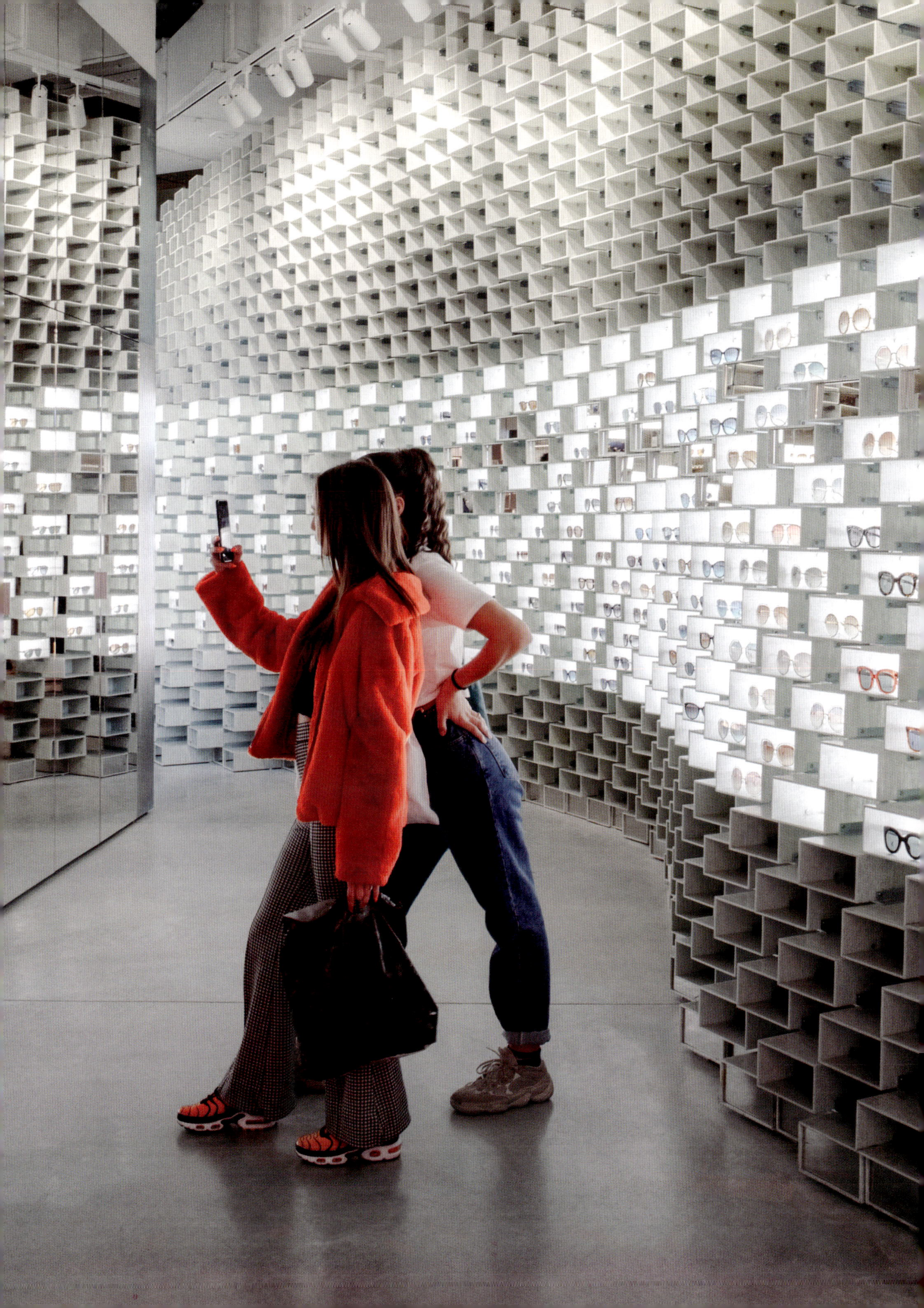

SHOP IN SHOP

A tradução literal de shop in shop é "loja dentro de loja". É exatamente esse o conceito dessa tipologia de ponto de venda: um local que está dentro de outro (geralmente dentro de uma loja de departamento). Também podem ser classificadas como corners.

Podem ser delimitadas por uma estrutura (metálica, de concreto ou de biombo) ou ter displays e expositores de produtos soltos pelo espaço, com um visual merchandising mais livre. Por mais que tenham seu local delimitado pelo retailer, tentam trazer um pouco do conceito e dos códigos da marca, através dos móveis expositores, das estruturas divisoras, da delimitação do piso e até mesmo com a adição de canopy (estrutura suspensa com o letreiro da logomarca). Muitas vezes é o retailer que decide até onde se pode chegar com essa personalização do espaço dentro da loja. Alguns retailers são mais estritos e outro menos, depende do conceito da loja de departamento ou da negociação de exclusividade da marca com a loja.

Pode-se considerar, por exemplo, que todos os espaços das marcas dentro da loja de departamento Galeries Lafayette são shop in shop.

> **O conceito de 'shop in shop' deseja criar uma espécie de mundo para cada marca. Um bom design de shop in shop é baseado em estratégias para fazer com que as pessoas passem o máximo de tempo possível dentro da loja.**

24
ISSEY MIYAKE

RETAIL DESIGN HUB

3. TIPOS DE RETAIL

24 ISSEY MIYAKE SHIBUYA BY NENDO
Tóquio, Japão

Para o corner da 24 Issey Miyake dentro do complexo comercial Shibuya Parco, em Tóquio, a marca pediu um conceito diferente e inovador para o estúdio japonês Nendo, expressando seu conceito com efetividade e, principalmente, promovendo a famosa bolsa Bilbao.

Como a bolsa não possui forma definida, é flexível e maleável, o estúdio inspirou-se nesse mesmo conceito para criar o ambiente. Fazendo oposição aos expositores rígidos e regulares de outras lojas, foi desenvolvido um display feito com hastes finas de aço em diferentes alturas. Os produtos que ali são expostos vão tomando formas orgânicas e soltas no visual merchandising da loja. As prateleiras e os cabides também são feitas da mesma haste estrutural de 7 mm de diâmetro.

Suportados por "pontos" e não superfícies, os produtos parecem flutuar no espaço como se fossem um campo de flores no meio da loja.

ESTÚDIO: NENDO
SITE: NENDO.JP
MARCA: 24 ISSEY MIYAKE
FOTO: DAICI ANO

RETAIL
DESIGN
HUB

HERRERA BEAUTY BY CAROLINA HERRERA

Para comemorar o lançamento dos produtos de maquiagem da Carolina Herrera, nova categoria lançada em 2020, a marca ganhou novo conceito e imagem para as lojas de perfumes e maquiagem ao redor do mundo.

O look and feel novo traz muito mais a presença do vermelho, cor ícone da marca, além de displays criativos e uma experiência de compra inovadora.

Presente em várias importantes lojas de departamento e cosméticos do mundo, como Harrods (Inglaterra), Harvey Nichols (Oriente Médio), El Palacio de Hierro e Liverpool (México) e Sephora (Brasil), a marca faz seu début no mundo da maquiagem com produtos divertidos e totalmente personalizáveis.

As novas lojas da Carolina Herrera se destacam do entorno e de seus concorrentes dentro das lojas de departamento, prendendo o olhar do consumidor.

3. TIPOS DE RETAIL

MARCA: CAROLINA HERRERA
SITE: CAROLINAHERRERA.COM
FOTO: CORTESIA DE CAROLINA HERRERA

CAROLINA HERRERA

RETAIL
DESIGN
HUB

3. TIPOS DE RETAIL

A experiência de compra é rica, começando pela descoberta dos produtos de maquiagem e lançamentos de perfumes da marca. Uma grande make-up station vermelha no centro da loja Liverpool Polanco, no México, deixa os clientes experimentarem e descobrirem todas as cores e texturas das maquiagens. Além de poder testar diferentes combinações de carcaças e acessórios para customizar o seu batom.

A loja também traz um foco na arte de presentear, oferecendo aos clientes a perfeita embalagem para presentes.

RETAIL
DESIGN
HUB

QUIOSQUE

Diferentemente da shop in shop, os quiosques não estão localizados dentro de outra loja, e sim soltos por shopping centers ou até mesmo pelas ruas da cidade.

Quiosques geralmente possuem sua altura limitada entre 1,3 m e 2,5 m e todas as suas laterais são fechadas, de modo que o atendimento é realizado direto sobre o balcão.

Atualmente os quiosques estão perdendo sua força no retail design por possuírem pouca visibilidade e visual merchandising limitado.

Hoje em dia, busca-se conceber espaços mais abertos, onde os clientes possam circular dentro do ponto de venda e receber um atendimento mais pessoal, lado a lado com o vendedor, gerando melhor fluxo e imersão dentro do espaço comercial.

SCROLL BY ONE DESIGN OFFICE
Melbourne, Austrália

Para o quiosque de sorvetes Scroll, dentro de um shopping center na cidade de Melbourne, na Austrália, o estúdio One Design Office recriou as "camadas de sorvete de diferentes sabores e frutas".

Para tornar esse conceito realidade, foi usado concreto pigmentado em seis cores diferentes e mesclados dentro do molde, gerando assim o balcão do quiosque. Uma solução inovadora que chama a atenção de quem passa por ali, fixando a marca na mente do consumidor.

Scroll

RETAIL
DESIGN
HUB

3. TIPOS DE RETAIL

ESTÚDIO: ONE DESIGN OFFICE
SITE: ODO.CO
MARCA: SCROLL
FOTO: TOM BLACHFORD

#FFFFFFT.ZIP BY TRIPSTER
Tóquio, Japão

A marca #FFFFFFT, fundada por Takuya Natsume, é dedicada inteiramente à venda de camisetas brancas. Um quiosque temporário esteve localizado dentro do shopping Miyashita Park Mall, em Tóquio, no qual permaneceu somente por dois meses.

    A loja foi projetada como se fosse um quiosque compacto de jornal, possuindo apenas 10 m². O design foi assinado pelo estúdio Tripster, que aproveitou todo e qualquer espaço e paredes do cubo para a exposição e a organização dos mais de 300 tipos de camisetas brancas.

    A sigla .zip (que é originalmente um formato de compactação de arquivos do computador) foi adicionada ao final da marca #FFFFFFT, enfatizando o conceito da loja como estocagem das várias camisetas dentro de um espaço pequeno.

ESTÚDIO: TRIPSTER
SITE: TRIPSTERS.NET
MARCA: #FFFFFFT
FOTO: GYOYTA TANAKA

RETAIL
DESIGN
HUB

3. TIPOS DE RETAIL

INSTALAÇÕES

Um fenômeno que acontece no retail design é usar de estratégias e formas de expressão da arte como meio de mídia, marketing e publicidade. Isso acontece com as instalações voltadas ao retail. Marcas estão usando essa poderosa ferramenta para manifestar seu lifestyle, sua história e seus valores. Essas exposições não possuem o intuito de vender, ou seja, não há produtos expostos à venda ou serviços a oferecer aos clientes. São simplesmente espaços criados para gerar conteúdo diferenciado para os consumidores, proporcionando a eles uma imersão na marca em questão e, consequentemente, aumentando o interesse por ela.

> **São espaços criados para gerar conteúdo diferenciado, promovendo imersão na marca e aumentando o interesse por ela.**

RETAIL
DESIGN
HUB

VALEXTRA BY KENGO KUMA
Milão, Itália

O arquiteto japonês Kengo Kuma, interessado pela maneira como a marca Valextra geralmente expõe seus produtos, dando atenção a cada um deles, chegou ao conceito final para a instalação da marca em Milão. A ideia foi criar um expositor único por acessório, mantendo o conceito de exclusividade de cada produto da marca e fugindo da forma de prateleiras longas com visual merchandising caótico.

O projeto foi inspirado numa floresta. A sensação que o arquiteto quis trazer era a de que os visitantes pudessem caminhar ao redor das árvores. Para isso, placas individuais de madeira crua foram espalhadas pela loja de maneira vertical, cada uma delas expondo uma bolsa. Assim, a instalação criou uma experiência de escape da vida urbana de Milão, para dentro da floresta da Valextra.

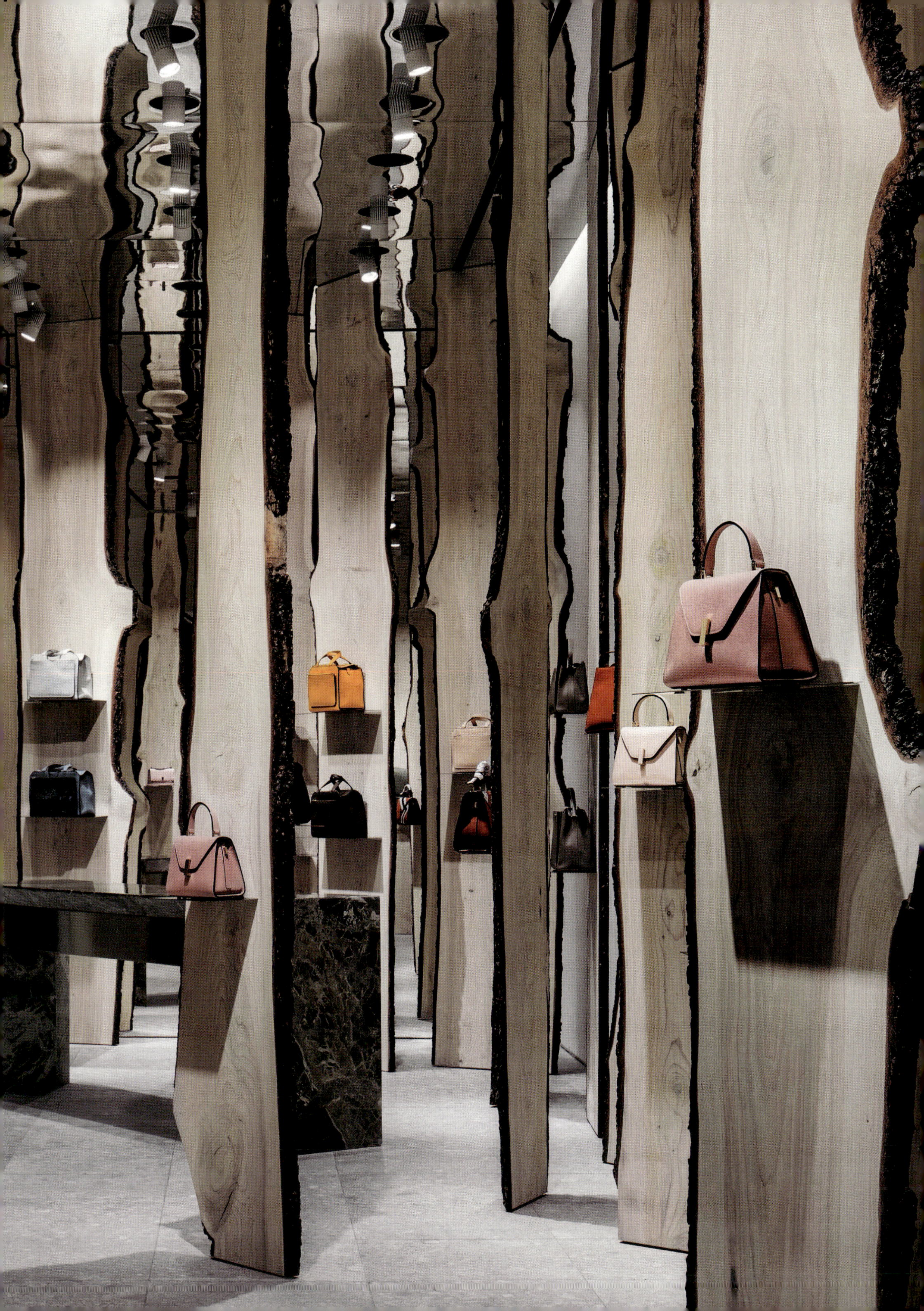

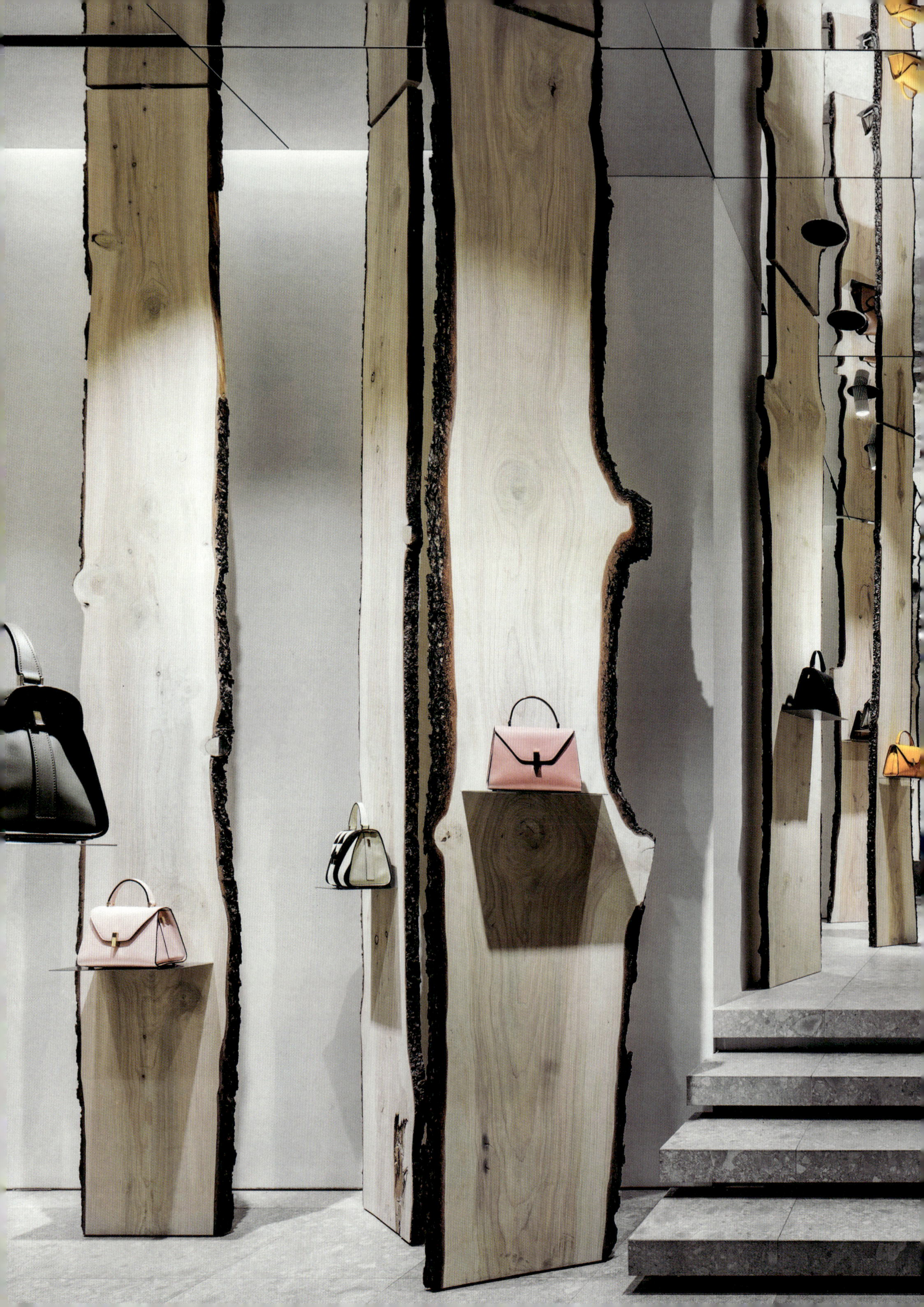

ESTÚDIO: KENGO KUMA
SITE: KKAA.CO.JP
MARCA: VALEXTRA
FOTO: SDL STUDIO

SHOWROOM

Mostrar, expor, expressar. Os showrooms nasceram com a indústria da moda, com o objetivo de divulgar produtos e coleções para a imprensa.

Esses espaços, geralmente, não são dedicados à venda imediata; servem como mostruário e publicidade para a marca que ali expõe.

Cada vez mais as marcas apostam em showrooms cenográficos para demostrar com intensidade seu conceito e seu lifestyle, não expondo somente produtos, mas sim criando a experiência de adentrar o mundo da marca para clientes, compradores e imprensa.

O mundo está mudando, e com ele também a percepção das marcas pelos consumidores. É interessante ver essa mudança e a adaptação no design e nas cenografias. Hoje, para gerar impacto, um showroom deve ter muito mais que modelos, roupas, produtos ou serviços; deve contar histórias, desde o design gráfico do convite de divulgação até o cenário, o mobiliário e a localização.

> **Esses espaços servem como mostruário e publicidade para a marca que ali expõe.**

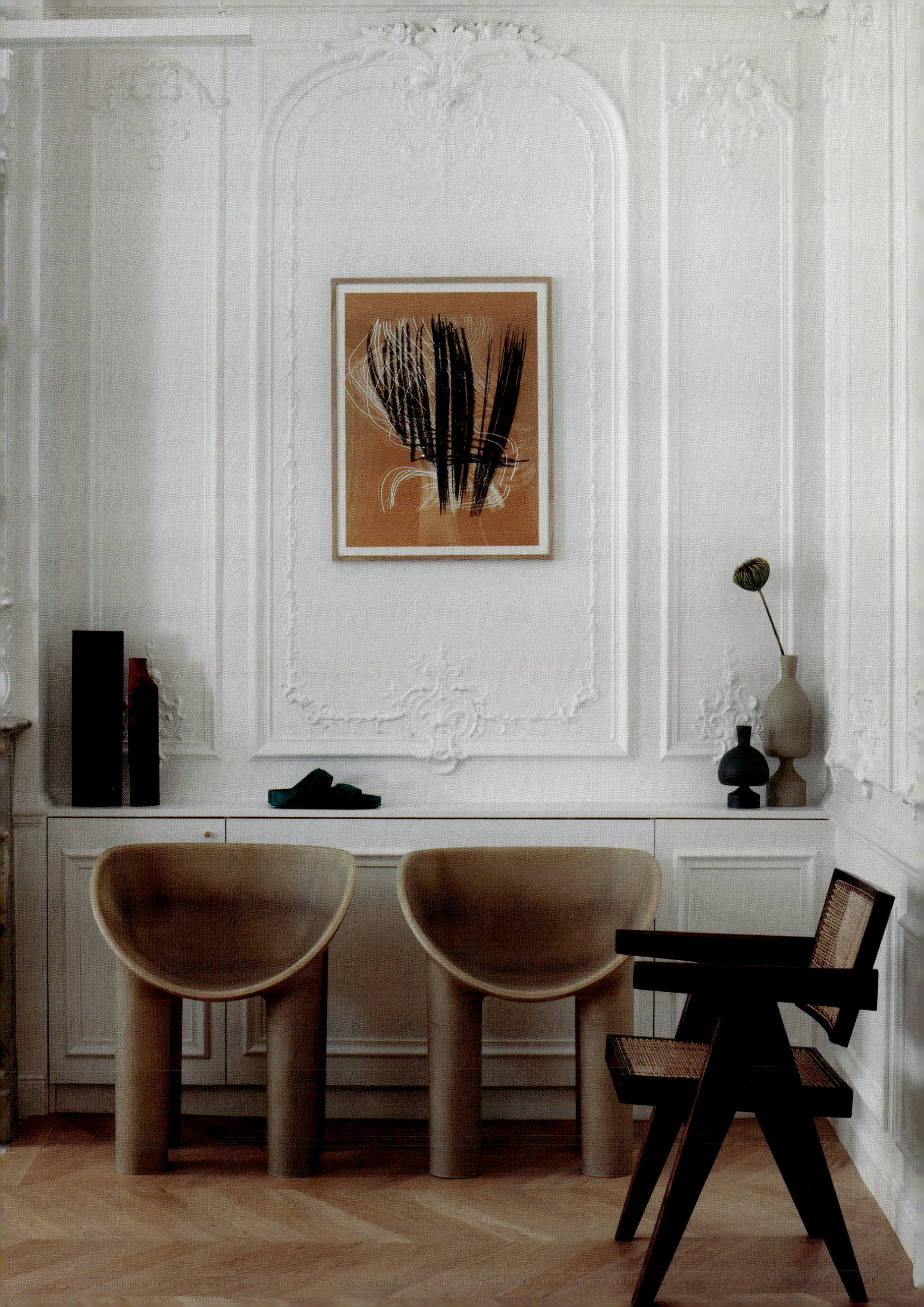

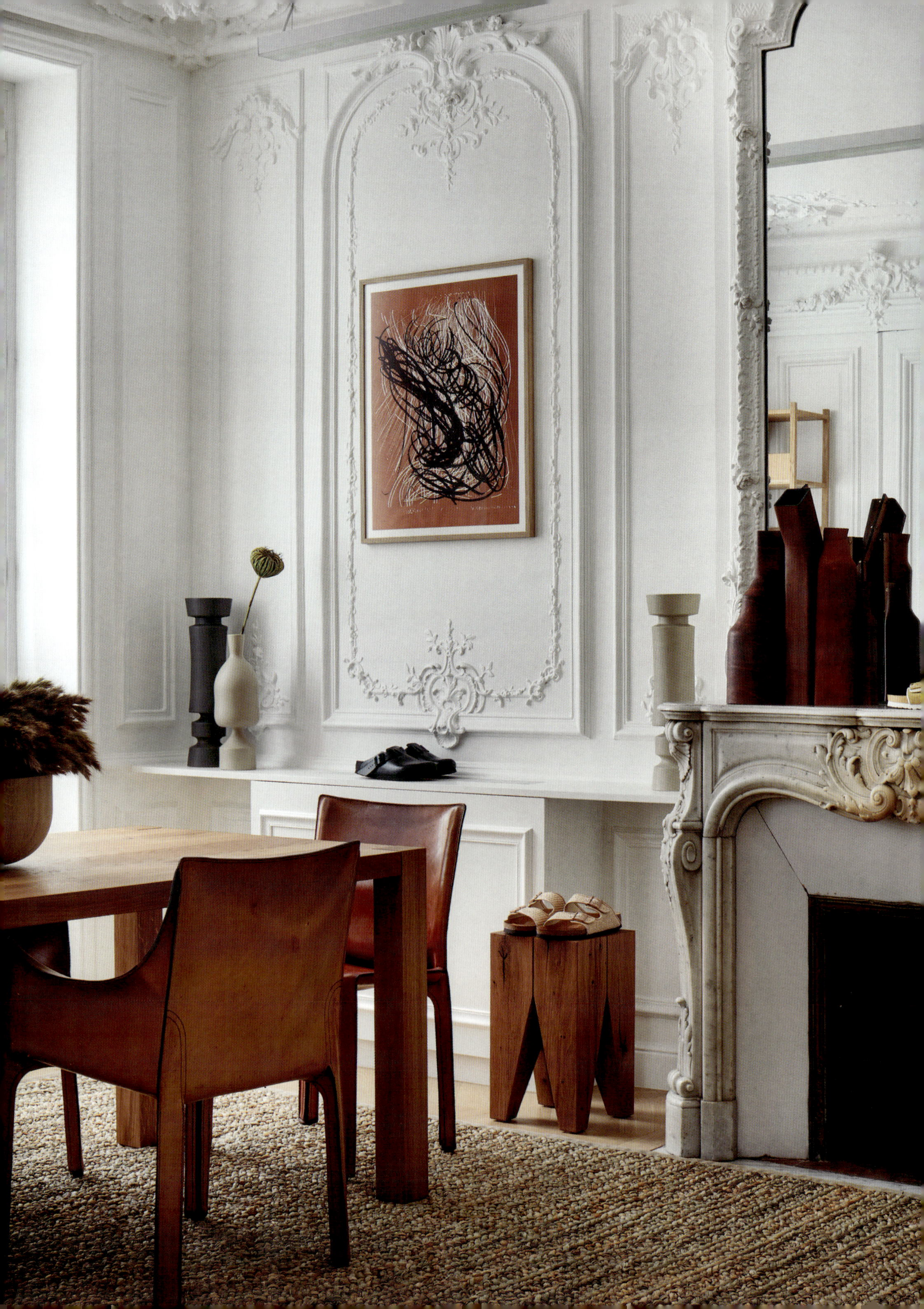

3. TIPOS DE RETAIL

RETAIL
DESIGN
HUB

ESTÚDIO: VINSON & CO
SITE: NICKVINSON.COM
MARCA: BIRKENSTOCK
FOTO: DEPASQUALE + MAFINI

3. TIPOS DE RETAIL

BIRKENSTOCK 1774 SHOWROOM BY VINSON & CO.
Paris, França

A marca Birkenstock trabalhou em conjunto com o estúdio Vinson & Co. para criar um showroom dentro de um típico apartamento parisiense do século XIX. O imóvel possui 170 m², foi revitalizado e decorado com piso de madeira, paredes e tetos com ornamentos típicos da decoração clássica, lareira de mármore e móveis de design. Mantendo o ambiente com cara de casa, os sapatos são expostos pelos cômodos como se fizessem parte da decoração.

A intenção era manter o apartamento simples, cheio de luz natural, com acabamentos artesanais e que fosse flexível, para ser usado pela marca em diferentes ocasiões. O showroom não é aberto ao público, mas somente para eventos e reuniões de imprensa e compradores.

MARSOTTO SHOWROOM BY NENDO
Milão, Itália

Para o showroom da empresa de mármores Marsotto, em Milão, o estúdio de design Nendo criou um ambiente especial para expor amostras, móveis de mármore e outros artigos da marca. Em geral, o design do espaço é sóbrio e elegante, trazendo foco total no material e suas diferentes aplicações.

A fachada da entrada principal foi coberta inteiramente com mármore branco, deixando um recesso no formato de um banco, para que as pessoas possam sentar.

O subsolo do showroom é dividido em quatro salas, cada espaço com uma experiência e exposição diferente de peças de mármore. A sala menor foi configurada em formato de meia-lua, expondo o material em formato dégradé do branco puro ao preto através de amostras fixas na parede e nas mesas em mármore.

3. TIPOS DE RETAIL

RETAIL DESIGN HUB

ESTÚDIO: NENDO
SITE: NENDO.JP
MARCA: MARSOTTO
FOTO: HIROKI TAGMA

3. TIPOS DE RETAIL

MARKETING DE GUERRILHA

Atingir o seu público-alvo em um ambiente totalmente inesperado na sua rotina é o objetivo principal do marketing de guerrilha. Muitas vezes não possui o intuito de vender, ou seja, você poderá não encontrar produtos ou serviços à venda no local, serve apenas para criar uma experiência diferente e inesperada, estabelecendo conexão entre marca e consumidor fora do ambiente tradicional do retail. É muito mais experimental e focado em promover a marca em questão, conectando-se com o público nos ambientes mais inusitados do seu dia a dia.

A ação do marketing de guerrilha pode ser tanto indoor quanto outdoor. Se a operação for indoor, acontece dentro de shopping centers, estádios, festivais, entre outros locais, fazendo o público se surpreender com a aparição da marca de uma maneira criativa dentro desses ambientes. Quando a ação é outdoor, acontece ao ar livre, por ruas, parques e praias, tendo autorização da prefeitura da cidade ou até mesmo fazendo uma parceria com ela, como é o caso da Chanel, ao lançar uma edição do perfume Chanel Nº5 todo em vermelho, que ajudou a decorar a rua Champs Élysées inteira de luzes vermelhas no Natal de 2018, em Paris, e cobriu a Piazza della Scala, em Milão, com luzes vermelhas e um frasco de perfume gigante.

CHANEL Nº5 (PIAZZA DELLA SCALA)
Milão, Itália

A Piazza della Scala é um dos símbolos e pontos turísticos de Milão. Para o Natal de 2018, a praça ganhou uma nova cara, através de um marketing de guerrilha feito pela Chanel para o lançamento da versão do perfume Chanel Nº5 em vermelho.

Um gigante frasco vermelho de perfume foi exposto no centro da praça, e os edifícios foram inteiramente iluminados com uma forte luz vermelha.

MARCA: CHANEL
SITE: CHANEL.COM
FOTO: LAPRESSE/ALAMY FOTO DE STOCK

ESTÚDIO: UBI-BENE
SITE: UBI-BENE.FR
MARCA: IKEA
FOTO: CORTESIA DE UBI-BENE

IKEA CLIMBING WALL BY UBI-BENE
Clermont-Ferrand, França

Para promover a abertura da loja da Ikea em Clermont-Ferrand, na França, a marca de móveis e decoração Ikea colaborou com a agência francesa Ubi-Bene para a criação de uma instalação na frente da catedral principal da cidade, como marketing de guerrilha.

A instalação contava com uma parede de escalada feita com móveis da marca Ikea. A parede era uma réplica de um apartamento na vertical, com cama, cadeiras, prateleiras de livros e cozinha. Todos os móveis ali expostos eram encontrados na loja para venda.

Pedras para escaladas também foram fixadas entre os móveis para criar a experiência de que os visitantes realmente poderiam escalar a parede. Cores vibrantes foram usadas para chamar a atenção do público que caminhava pela cidade. Uma forma divertida e atrativa para comunicar o lançamento e a abertura da nova loja da Ikea na cidade.

RETAIL
DESIGN
HUB

4

"
Facilitar a compra do consumidor, criar experiências memoráveis, alavancar a imagem da marca e aprimorar a coleta de dados são ações essenciais ao traçar a estratégia de retail design.
"

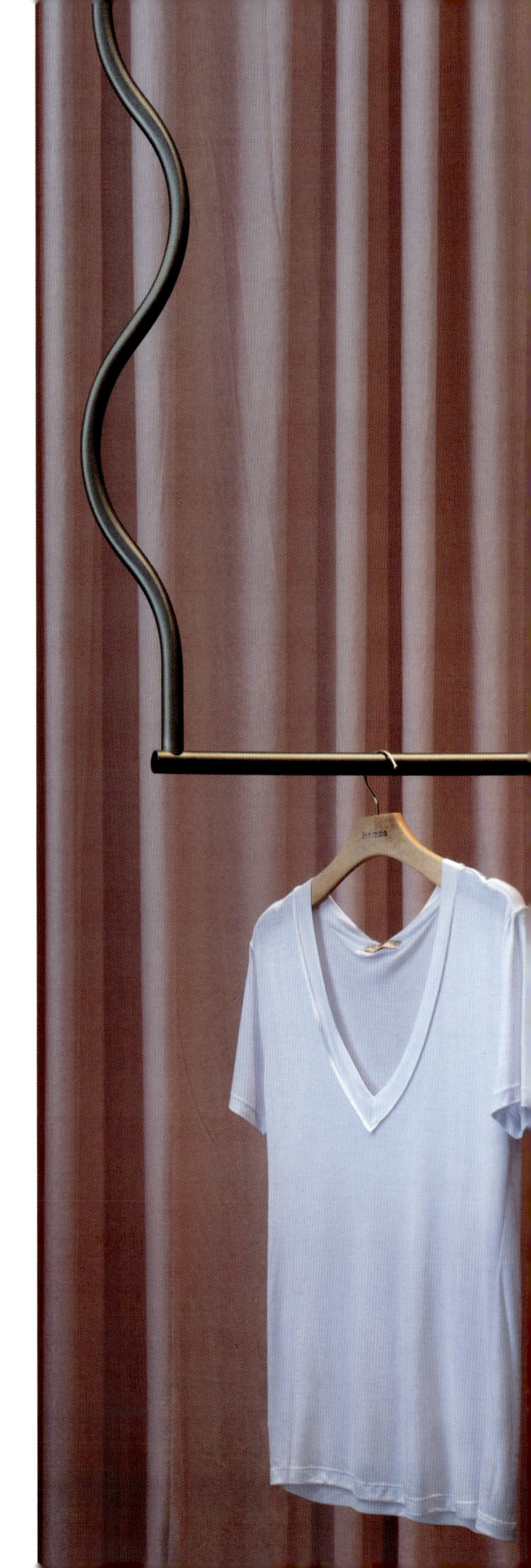

ESTRATÉGIA DE RETAIL

A estratégia de retail design é um conjunto de técnicas orientadas para favorecer a decisão de compra do consumidor dentro de um espaço. Afinal, marcas e retailers não querem que suas lojas sejam somente bonitas e atrativas; acima de tudo, devem ser efetivas em vendas. Por isso é preciso pensar e analisar além do design estético. Retail designers devem atingir um profundo entendimento do modelo de negócio, da gestão e da comunicação da marca em questão.

Esse processo de estratégia leva em consideração desde uma análise aprofundada da marca — como entender melhor seus valores, missões, público-alvo, competidores, categoria, cultura e comportamento de consumo — até traçar objetivos de visibilidade, layout, conceito, comunicação e experiência de marca, atingindo todos os canais de percepção do cliente (físico, emocional e sensorial).

Facilitar a compra do consumidor, criar experiências memoráveis, alavancar a imagem da marca e aprimorar a coleta de dados são ações essenciais ao traçar a estratégia de retail design.

A base da metodologia é sempre a mesma, porém seu desenvolvimento está em constante mudança e evolução por ligar-se diretamente a condutas de consumo. É preciso sempre estar atento a esses comportamentos de consumo, aprimorando e traçando estratégias mais certeiras para o momento presente.

RETAIL
DESIGN
HUB

amari

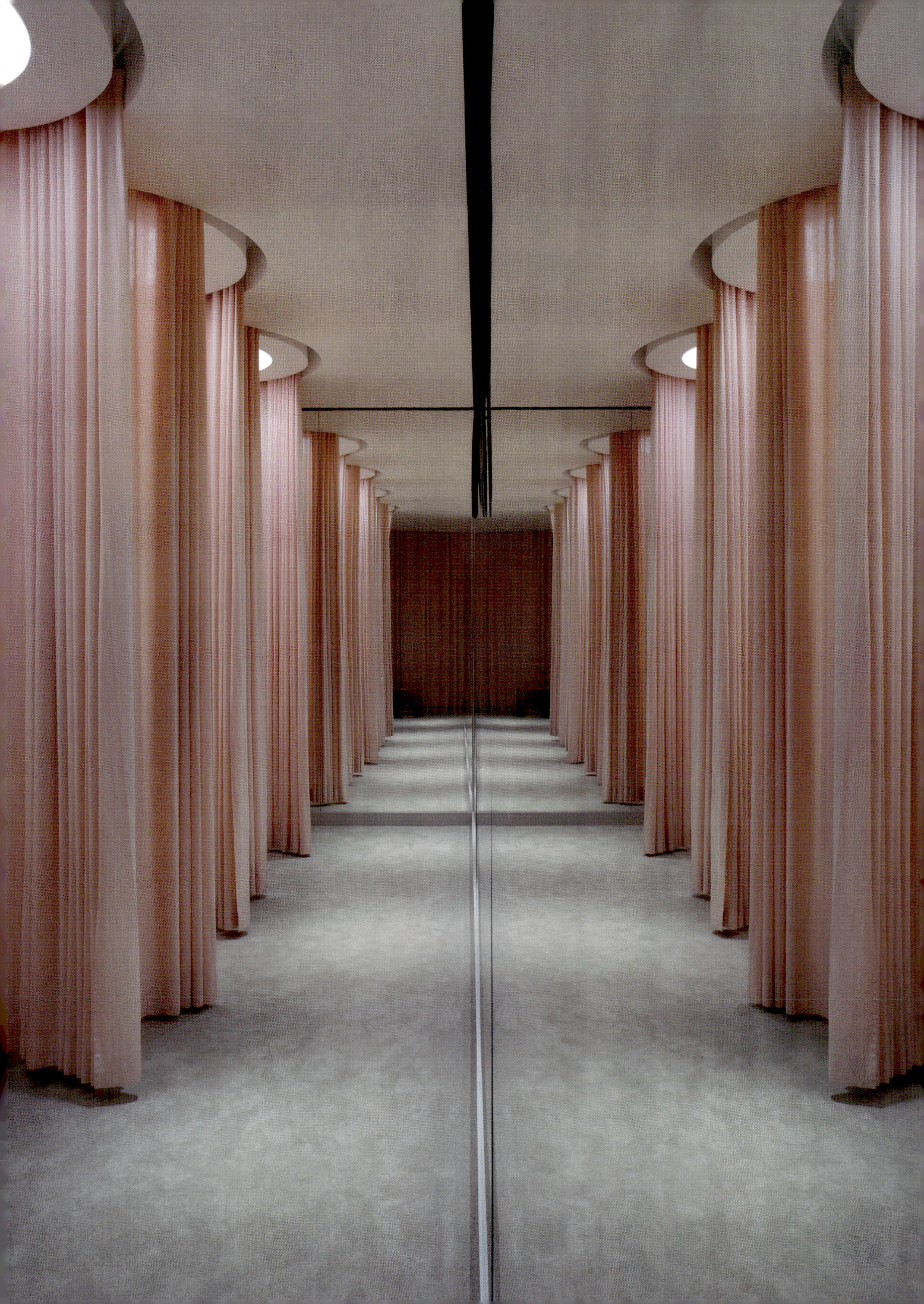

NAMARI MULTIBRAND BY RETAIL DESIGN LAB
Ribeirão Preto, Brasil

O briefing para a reforma da loja multimarca Namari, em Ribeirão Preto, era claro: trazer mais sofisticação e conforto ao espaço, dando atenção extra para o provador, já que era um espaço muito utilizado para publicidade e divulgação das roupas através das mídias sociais.

Após discussão do briefing e pesquisa de mercado, Bárbara Cassou, arquiteta e fundadora do estúdio Retail Design LAB, se perguntou: por que não trazer o look and feel de provador para toda a loja? E assim foi criado o conceito da nova Namari que estava por vir: uma loja sofisticada e aconchegante, inteiramente revestida com cortinas de linho como se fosse um grande provador instagramável. Foram usados 800 metros do linho por toda a loja em três diferentes tons, contrastando e combinando entre si.

Por ser uma multimarca feminina e moderna, a arquiteta quis abolir as linhas retas, a nova loja seria inteiramente projetada a partir de curvas. A fachada não possui vitrines, é apenas um espaço aberto a partir de curvas que convida os clientes inconscientemente a entrar.

Todos os expositores da loja foram desenhados exclusivamente para a nova loja. Araras, prateleiras e expositores de acessórios são ondulados e divertidos. Algumas das araras se escondem por trás de cortinas, dando a impressão de que as roupas estão flutuando. Os expositores no centro da loja foram produzidos em parceria com os artistas da Grauters, especializados em concreto pigmentado.

A loja inteira traz um ar cenográfico e uma experiência de compra memorável. O destino ideal para uma mulher moderna, feminina e sofisticada.

ESTÚDIO: RETAIL DESIGN LAB
SITE: RETAILDESIGNLAB.COM.BR
MARCA: NAMARI MULTIBRAND
FOTO: CAROLINA MOSSIN

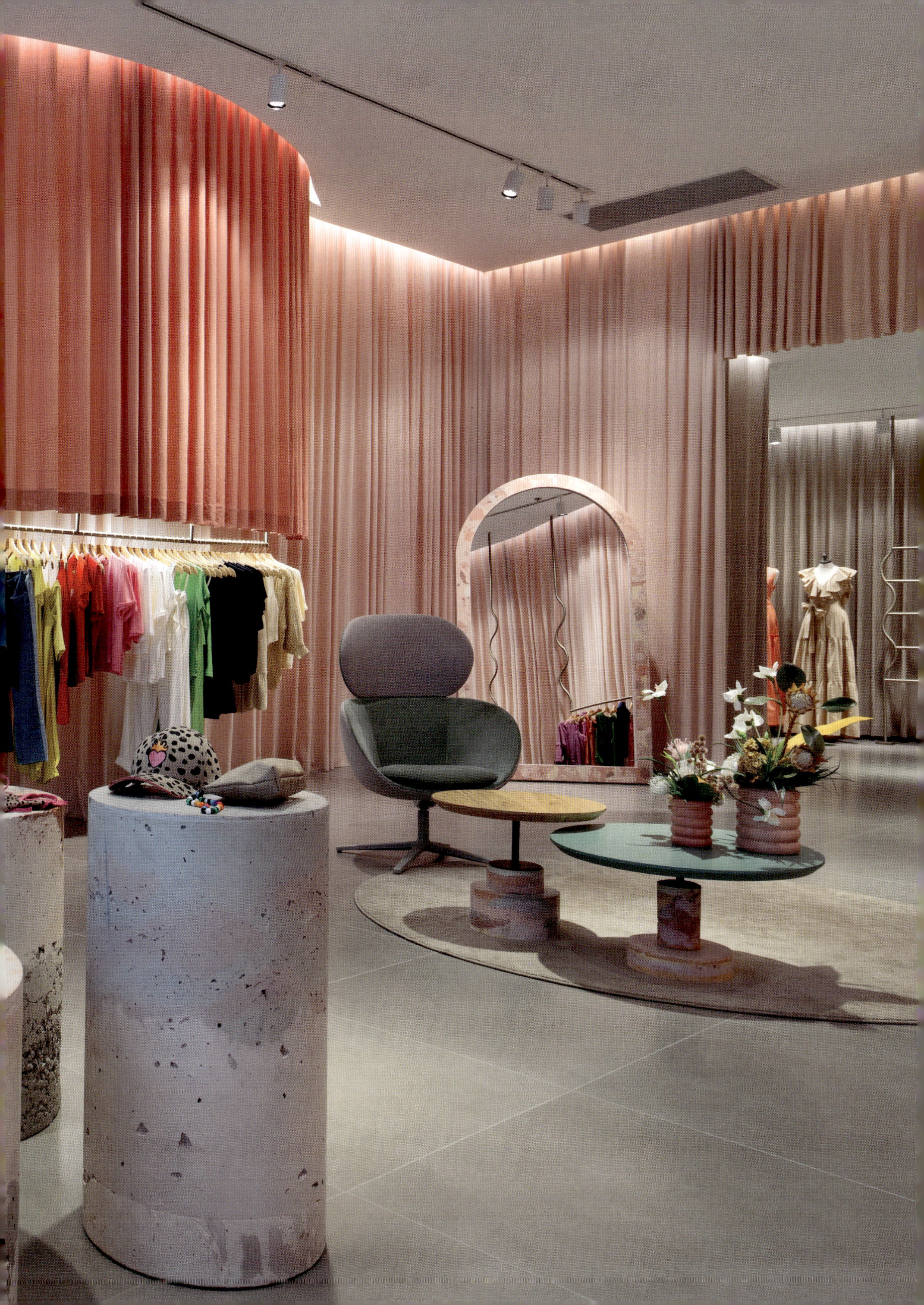

O PODER DA ESTRATÉGIA NO RETAIL

Estima-se que um projeto de retail design sem estratégia fechará suas portas dentro de dois anos. Quando se trata de estratégia de retail, há duas principais finalidades: uma delas está relacionada ao objetivo, que é vender o máximo possível; a outra está relacionada ao corporativo, que é contribuir com o marketing e a imagem da marca.

Com a alta competitividade nesse meio, fica cada vez mais difícil destacar-se no mercado. A quantidade de marcas no mundo, inúmeros canais de comunicação, o abismo de informações disponíveis para o consumidor, o avanço da era on-line, o e-commerce e os variados tipos de serviço fazem com que somente os mais fortes sobrevivam nesse âmbito.

A estratégia de retail veio justamente para embasar e dar força ao design, criando técnicas com o intuito de favorecer o ato da compra e produzindo a interação entre produtos e espaços, com o objetivo de converter um observador em um comprador.

Traçamos uma metodologia para melhor entendimento de como idealizar uma estratégia de retail design, baseada em três etapas: descobrir, definir e design.

> **A estratégia é criar técnicas com o intuito de favorecer o ato da compra e produzir a interação entre produtos e espaços.**

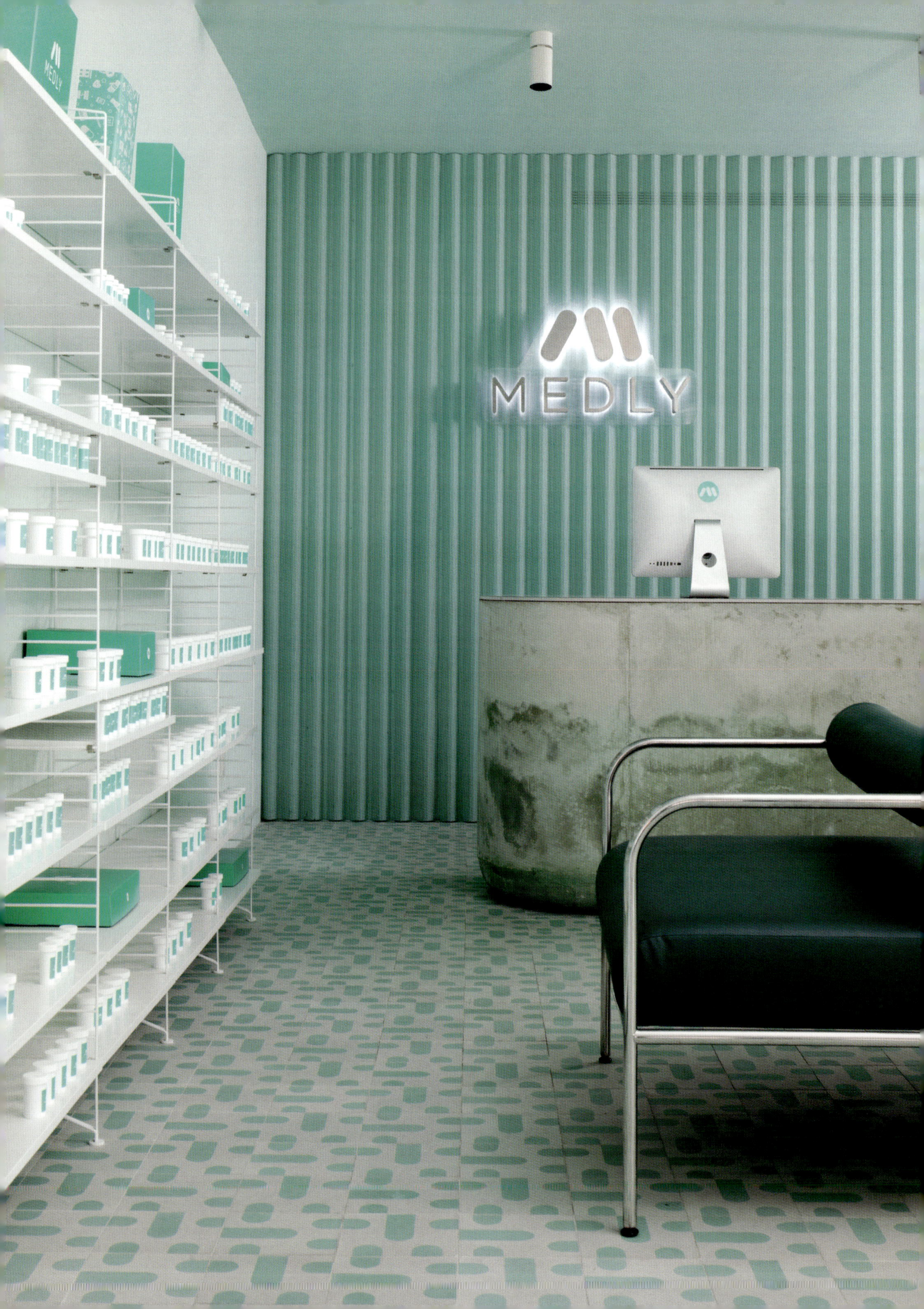
MEDLY

MEDLY PHARMACY BY SERGIO MANNINO STUDIO (S. MANNINO, M. GUANDALINI)
Nova York, Estados Unidos

Numa cidade como Nova York, uma simples ida à farmácia é uma experiência impessoal e rotineira, devido à correria do dia a dia.

Para o primeiro projeto de uma série de farmácias Medly que estavam por vir, o designer Sergio Mannino quis mudar esse cenário. O objetivo era trazer um pouco da experiência da marca que a Medly, uma farmácia fora do comum, tem a oferecer, através de um design elegante e ao mesmo tempo divertido. Já que a marca também oferece vendas on-line e serviço de entrega, a experiência física deveria ser inovadora, fazendo com que os clientes queiram passar seu precioso tempo ali.

A cor verde foi escolhida como look and feel principal, por estar presente no branding da marca. Formar uma comunidade é um dos valores principais da Medly, motivo pelo qual o designer optou por criar um ambiente aberto e sem divisões entre clientes e funcionários, idealizando um balcão em ilha e prateleiras livres. O espaço de espera é acolhedor, com poltronas confortáveis, tornando-se um escape das ruas movimentadas de Nova York.

4. ESTRATÉGIA DE RETAIL

ESTÚDIO: SERGIO MANNINO STUDIO (S. MANNINO, M. GUANDALINI)
SITE: SERGIOMANNINO.COM
MARCA: MEDLY PHARMACY
FOTO: CHARLIE SCHUCK

DESCOBRIR

Antes de começar a traçar um caminho para o projeto, é preciso fazer uma análise aprofundada da marca. Na primeira etapa da estratégia de retail, que chamamos aqui de "descobrir", é feita uma imersão completa na marca, para compreender a fundo como ela funciona, quais seus objetivos, seu público-alvo, seu contexto e tudo o que a envolve. Além de se aprofundar também nas tendências de consumo e modelos de negócios, insights e oportunidades do momento para poder contribuir com algo inovador.

Pesquisar antes de projetar o espaço ajuda a desenvolver boas ideias e aprender com as que não funcionam, para depois saber que estratégia seguir, destacando-se de seus concorrentes. Essa grande pesquisa é dividida em duas partes: os fatores externos e os fatores internos.

4. ESTRATÉGIA DE RETAIL

4. ESTRATÉGIA DE RETAIL

Fatores externos

Fatores externos são condições que não são definidas pela marca, e sim pelo entorno e pela realidade em que ela está inserida. São eles: concorrentes diretos e indiretos; comportamentos de consumo; novos modelos de negócio e novas tecnologias; realidade de mercado, aspectos culturais, políticos e econômicos em geral.

Nesta etapa, é preciso estar atento às necessidades dos mercados e dos consumidores. É um erro começar a traçar diretrizes sem pesquisar o que está acontecendo ao seu redor.

Concorrentes diretos e indiretos

Analisar os concorrentes diretos e indiretos é a peça mais importante dentro dos fatores externos. Saber o que seus competidores estão fazendo, quais são as suas estratégias, em que estão errando e em que estão acertando é essencial para fazer um bom design e definir uma estratégia de retail certeira. Reconhecer as melhores práticas do mercado ajuda no aprendizado e no desenvolvimento de boas ideias.

Comportamentos de consumo

O retail design depende e reage de acordo com os comportamentos de consumo e responde a ciclos econômicos caracterizados pela maneira como a indústria opera. Estar atento aos comportamentos de consumo e às mudanças do mundo ajuda a maximizar a efetividade do projeto. É importante entender o que os consumidores desejam, que realidade cultural eles vivem, que lifestyle buscam, o que deixaram de consumir e por quê. Também é importantíssimo saber quais as limitações culturais do momento: o que está em falta no mercado, o que já está saturado, entre muitos outros aspectos relacionados à categoria da marca em questão.

Novos modelos de negócio e novas tecnologias

Saber tudo o que há de novo no mercado, sejam tecnologias ou modelos de negócio, ajuda a analisar se há algo relevante para acrescentar ao projeto. Há alguma nova tecnologia que possa ser aplicada no projeto para alavancar as vendas? Há algum modelo de negócio se destacando consideravelmente no mercado para agregar conhecimento?

Estar a par das notícias que surgem no mercado e indústrias traz um diferencial ao projeto, colocando-o num patamar inovador.

Realidade de mercado, aspectos culturais, políticos e econômicos em geral

Este tópico é muito amplo dentro do marketing, porém, para o retail design, o fator importante a analisar é se existem dificuldades e oportunidades a considerar onde o projeto está inserido.

Por exemplo, consideremos uma marca de cosméticos. Por uma questão cultural, a loja desta marca localizada na Ásia venderá mais produtos de skincare do que de maquiagem. Porém, a loja que está localizada na América Latina venderá mais produtos de maquiagem do que de skincare. Ambas terão a mesma essência e imagem, porém cada uma delas deve adaptar-se à realidade do seu mercado: fazer um destaque maior para os expositores de skincare ou para os expositores de maquiagem.

Outro exemplo seria o cuidado com a segurança em países nos quais há uma taxa maior de criminalidade. Deve-se propor cuidados extras com a segurança, como sensores antirroubo. Ou até mesmo ter cuidado com simbologias que podem ser mal interpretadas em algumas culturas. É preciso estar atento ao contexto no qual a marca está inserida, prevenindo-se de possíveis erros no projeto ou usando outros aspectos a seu favor.

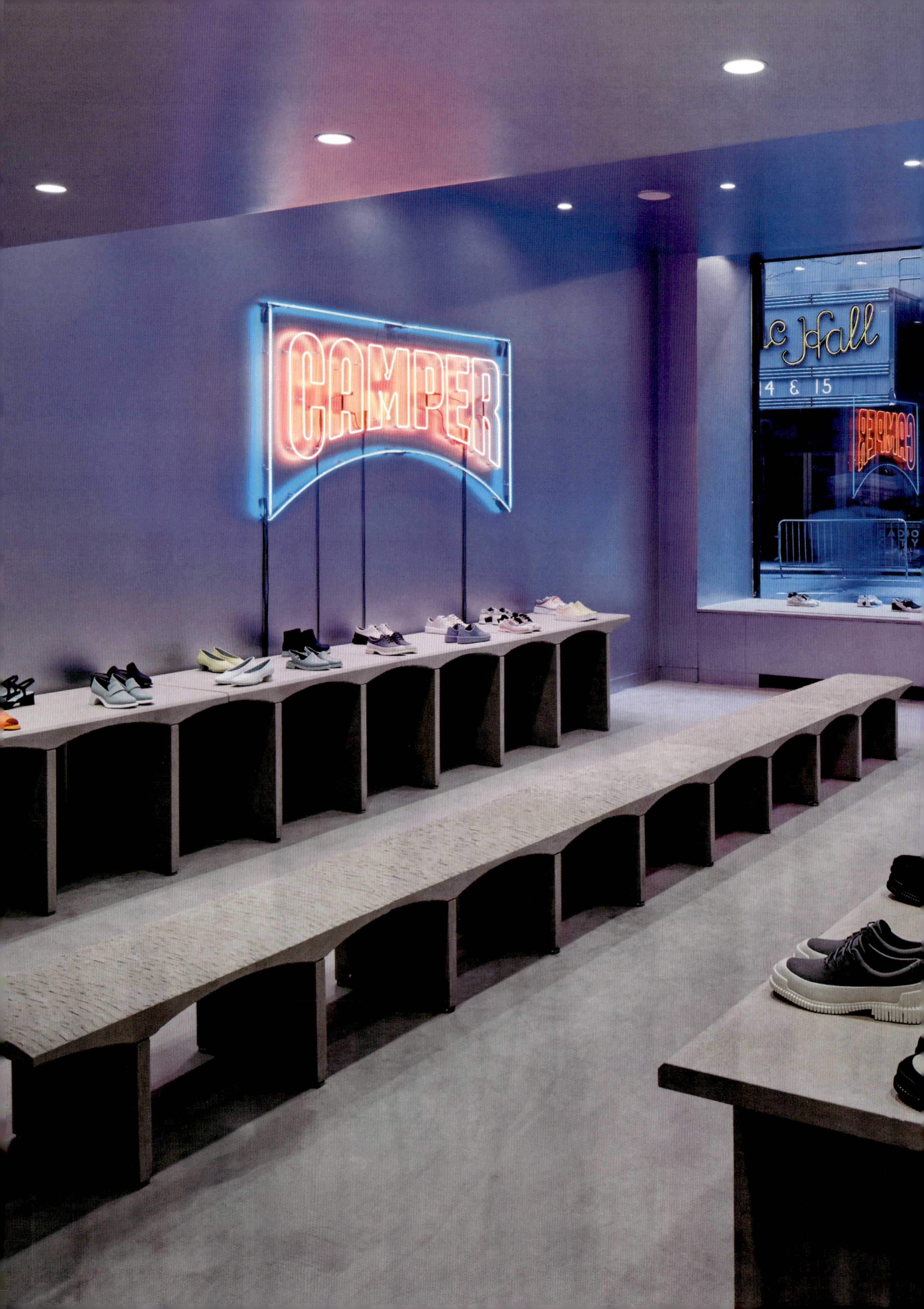
CAMPER

4. ESTRATÉGIA DE RETAIL

CAMPER BY JONATHAN OLIVARES
Nova York, Estados Unidos

A marca Camper é conhecida por suas lojas inovadoras e cheias de storytelling. Cada loja possui um design único e absorve características do local em que está inserida.

Para a loja da Camper localizada na Rockfeller Center, logo à frente da Radio City Music Hall, o designer Jonathan Olivares usou como inspiração o entorno histórico do projeto onde estaria inserido.

Como tributo à cidade de Nova York, Olivares usou o limestone natural Indiana como revestimento de piso, bancos e displays — material muito usado na fachada de edifícios nos Estados Unidos. Também trazendo uma conexão entre a loja e o Radio City Music Hall, usou pintura à base de alumínio e uma grande logo da Camper em neon colorido.

ESTÚDIO: JONATHAN OLIVARES
SITE: JONATHANOLIVARES.COM
MARCA: CAMPER
FOTO: DANIELE ANSIDEI

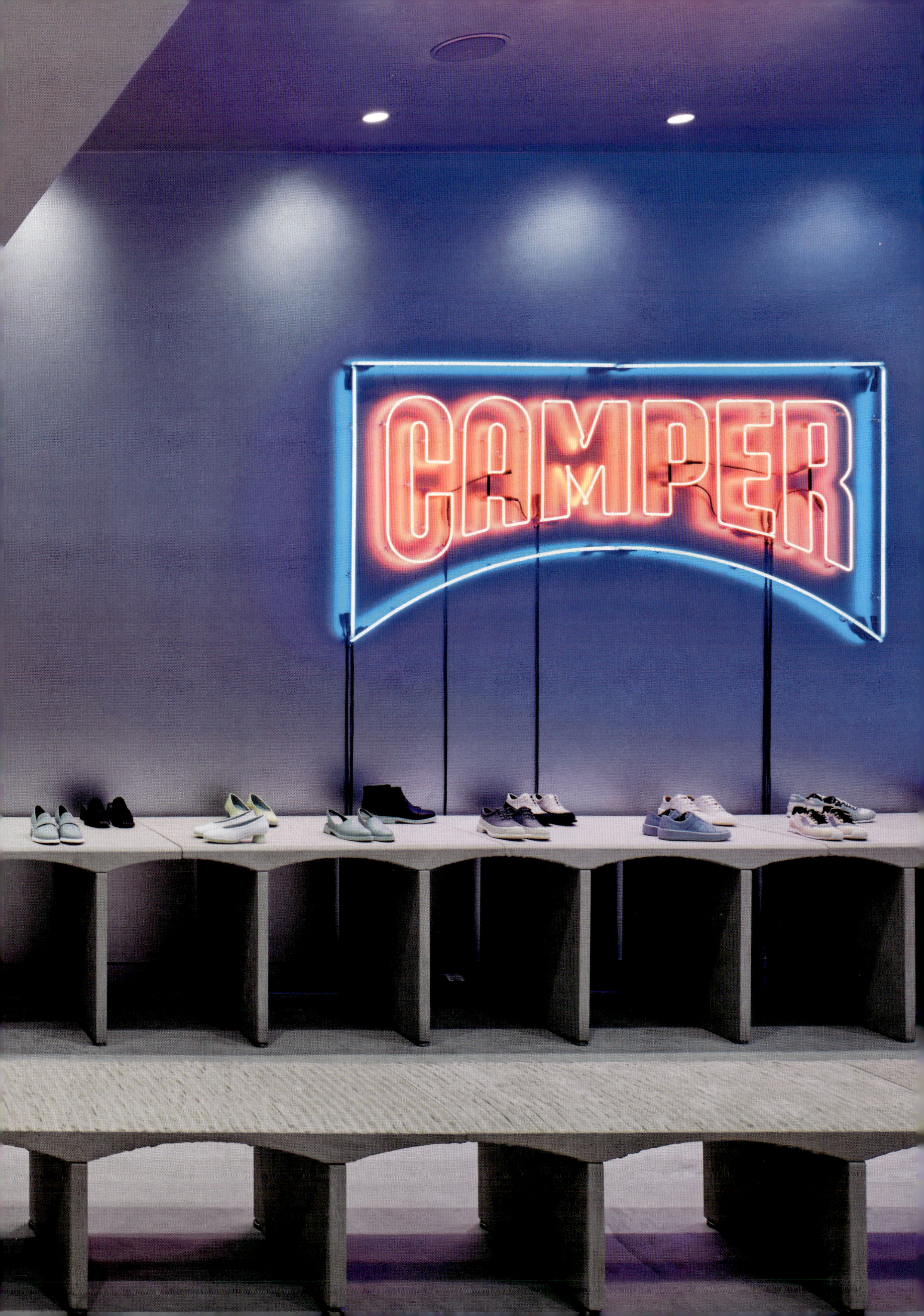
CAMPER

ESTÚDIO: RABIH GEHA ARCHITECTS
SITE: RABIHGEHA.COM
MARCA: IMAGES D'ORIENT
FOTO: TONY ELIEH

IMAGES D'ORIENT
BY RABIH GEHA ARCHITECTS
Beirute, Líbano

Images D'Orient é uma marca de objetos e decorações contemporânea, mas que mantém o espírito e o legado de civilizações mediterrâneas antigas. Após 20 anos focada nas vendas on-line, a marca abriu sua primeira loja em Beirute, assinada pelo estúdio de arquitetura Rabih Geha.

O projeto da nova sede da Images D'Orient foi concebido por meio de elementos da estética da arquitetura mediterrânea — também presente no conceito da marca. O uso de arcos desde a fachada até o interior do ambiente e expositores foi o principal código para construir essa estética moderna, com inspirações nas culturas mediterrâneas. Os produtos mesclam-se no ambiente, fazendo parte da composição e do espírito do local e da marca.

Fatores internos

Nos fatores internos são analisados os aspectos do ponto de vista da marca em si. É preciso entender a fundo como funciona a marca para a qual está sendo realizado o projeto, suas missões e seus valores, com o objetivo de conectar-se com o seu consumidor de modo mais certeiro. Os fatores internos estão divididos em: fundamentos da marca, público-alvo, categoria e estratégia de marca.

Fundamentos de marca

Deve-se analisar toda a história que a marca leva, suas missões, suas visões e seus valores. Como ela surgiu, qual seu lifestyle e como é seu branding. Entender os fundamentos da marca é indispensável para projetar um espaço personalizado, certeiro e realista para a marca em questão.

Público-alvo

Identificar o público-alvo também é essencial para a estratégia de retail. Quem é o consumidor e usuário? A marca almeja atingir outro tipo de público com esse projeto? O que esse consumidor busca? Quais são a faixa etária, o sexo e a escolaridade? Em qual cultura está inserido? Quais seus canais de percepção? Do que eles precisam, o que querem e sonham? Identificar o mindset do consumidor ajuda a otimizar e traçar a experiência de retail lá na frente.

Uma marca pode ter mais de um perfil de cliente, de acordo com a sua localização, cidade, cultura ou approach que quer dar a esse determinado local. Por exemplo, uma marca de luxo localizada na Fifth avenue, em Nova York, que é uma das áreas mais luxuosas e famosas da cidade, possui um tipo de cliente. Já uma pop-up store dessa mesma marca no Brooklyn, com produtos selecionados de edição limitada, possui uma proposta totalmente diferente, para outro tipo de cliente.

É importante também ver o lado do público-alvo como pessoa, e não somente como consumidor. Humanizar os projetos faz com que eles sejam mais eficazes ao conectarem-se emocionalmente com o cliente.

4. ESTRATÉGIA DE RETAIL

RETAIL DESIGN HUB

Categoria

Não há como começar a projetar sem saber qual a categoria da marca, ou seja, que tipo de produto ou serviço ela estará vendendo dentro da loja. É interessante fazer uma lista e saber exatamente o que será exibido ali. Setorizar o espaço e criar ambientes pode ser de grande ajuda, afinal os produtos são os verdadeiros protagonistas dentro do retail design.

Como esses produtos e serviços são vendidos e quais os seus preços são informações primordiais para projetar o espaço e definir o visual merchandising de maneira mais objetiva e realista. Por exemplo: a forma como se vende uma joia é totalmente diferente do modo como se vende um sofá, desde a interação do consumidor com o produto, da dimensão dele, do valor agregado e até mesmo da apresentação dentro da loja.

Estratégia de marca

Estar alinhado com a estratégia da marca em questão é crucial para traçar diretrizes e ajudá-la em seus objetivos. Primeiro, é preciso saber qual seu posicionamento de preço no mercado. É uma marca de luxo ou uma marca fast-fashion? Quais são a qualidade e o diferencial dos produtos que ela oferece?

Saber o objetivo do projeto também ajudará a conceber um design para ele. Ganhar territórios, abrir novos mercados, atingir um novo público-alvo, ganhar influência na cidade ou apenas se modernizar ao mudar o conceito da marca são alguns exemplos de estratégia de marca.

Interpretar essas informações e aplicá-las ao retail design são as principais finalidades para cooperar com o objetivo corporativo, bem como estar alinhado com o marketing e a imagem da marca.

RETAIL DESIGN HUB

RYZI BY PISTACHE GANACHE
São Paulo, Brasil

Para a primeira loja física da Ryzi, a diretora criativa da marca deu carta branca para os designers da Pistache Ganache criarem o novo ecossistema para os produtos da marca. A loja estaria inserida dentro de um dos shopping centers mais famosos de São Paulo: o Shopping Cidade Jardim.

Pensando que dentro desses espaços fechados as pessoas perdem a noção das horas e da passagem do tempo, o objetivo da Pistache Ganache foi trazer o horizonte de um céu azul para dentro da loja.

Usando somente um material têxtil, o carpete, fazendo dégradé do azul ao branco, a loja foi inteiramente revestida desde o piso, paredes e até mesmo cobrindo móveis e expositores.

Os designers também optaram por usar a modularidade para os expositores: prateleiras são presas sobre trilhos, sendo possível movê-las, fazendo vários tipos de composição de acordo com o tamanho das bolsas e as novas coleções que estariam por vir.

4. ESTRATÉGIA DE RETAIL

ESTÚDIO: PISTACHE GANACHE
SITE: PISTACHEGANACHE.COM
MARCA: RYZI
FOTO: FELCO

DEFINIR

Depois de entender a fundo a marca e todo o entorno em que está inserida, chegou a hora de definir as estratégias de retail antes de desenhar o projeto. Essa metodologia ajuda a dar visibilidade nesse entorno tão competitivo que é o retail e contribui com técnicas para aumentar a probabilidade de compra do consumidor.

Dividimos a fase "definir" em seis partes: visibilidade; layout; customer journey; conceito e imagem; experiência; e visual merchandising.

> **Essa metodologia ajuda a dar visibilidade ao retail e aumenta a probabilidade de compra do consumidor.**

Visibilidade

Ter visibilidade é o principal fator para a marca ser reconhecida pelos consumidores e se destacar dos seus concorrentes. Não adianta ter uma loja com bom design e experiência de compra exemplar se o primeiro passo não está sendo cumprido: ser detectada pelos clientes.

É a primeira etapa para atrair as pessoas para dentro da loja e criar um espaço que favoreça o ato de comprar. Para atingir esse objetivo, deve-se considerar quatro principais fatores: ambiente, localização, espaço e fachada.

Ambiente

Estar situado em uma área interessante da cidade e perto dos seus grandes concorrentes é a melhor maneira de se destacar no mercado. Perceba como, por exemplo, a HM está sempre perto da Zara nas áreas de maior fluxo das grandes cidades e a Dior está sempre ao lado da Chanel dentro de uma loja de departamento.

4. ESTRATÉGIA DE RETAIL

Localização

Não adianta estar situado em uma área adequada e sua localização não ser favorável. Por exemplo, uma loja que está escondida atrás de uma grande placa da prefeitura ou um quiosque que está atrás de uma coluna estrutural, ambos perdem completamente a visibilidade, dificilmente sendo captados pelo olhar das pessoas.

Uma localização exemplar é aquela que tem melhor visibilidade, como áreas de mais acesso e fluxo de pessoas. Estar nas zonas "quentes" é a melhor maneira de ser identificado pelos consumidores.

Espaço

Deve-se considerar o espaço em m² para que a loja comporte todos os produtos que quer expor. A quantidade dos produtos à venda deve ser proporcional ao espaço da loja. É desfavorável ter uma loja muito grande com poucos produtos expostos, pois parecerá vazia e com uma experiência de compra insatisfatória. Tampouco é adequado ter uma loja pequena com muitos produtos expostos, atrapalhando a organização do visual merchandising e, consequentemente, dificultando que o consumidor encontre o que procura.

Fachada

A fachada também é um fator importante para a percepção do público-alvo. Ter uma fachada ampla e visível favorece o acesso de quem está do lado de fora da loja. Ela é o primeiro ponto de contato entre a marca e o consumidor e deve ser tratada com cuidado, mostrando o lifestyle de modo que a imagem da marca possa ser facilmente identificada, atraindo mais clientes.

ESTÚDIO: RAFAEL DE CÁRDENAS, LTD.
SITE: RAFAELDECARDENAS.COM
MARCA: KENZO
FOTO: PILMO KANG

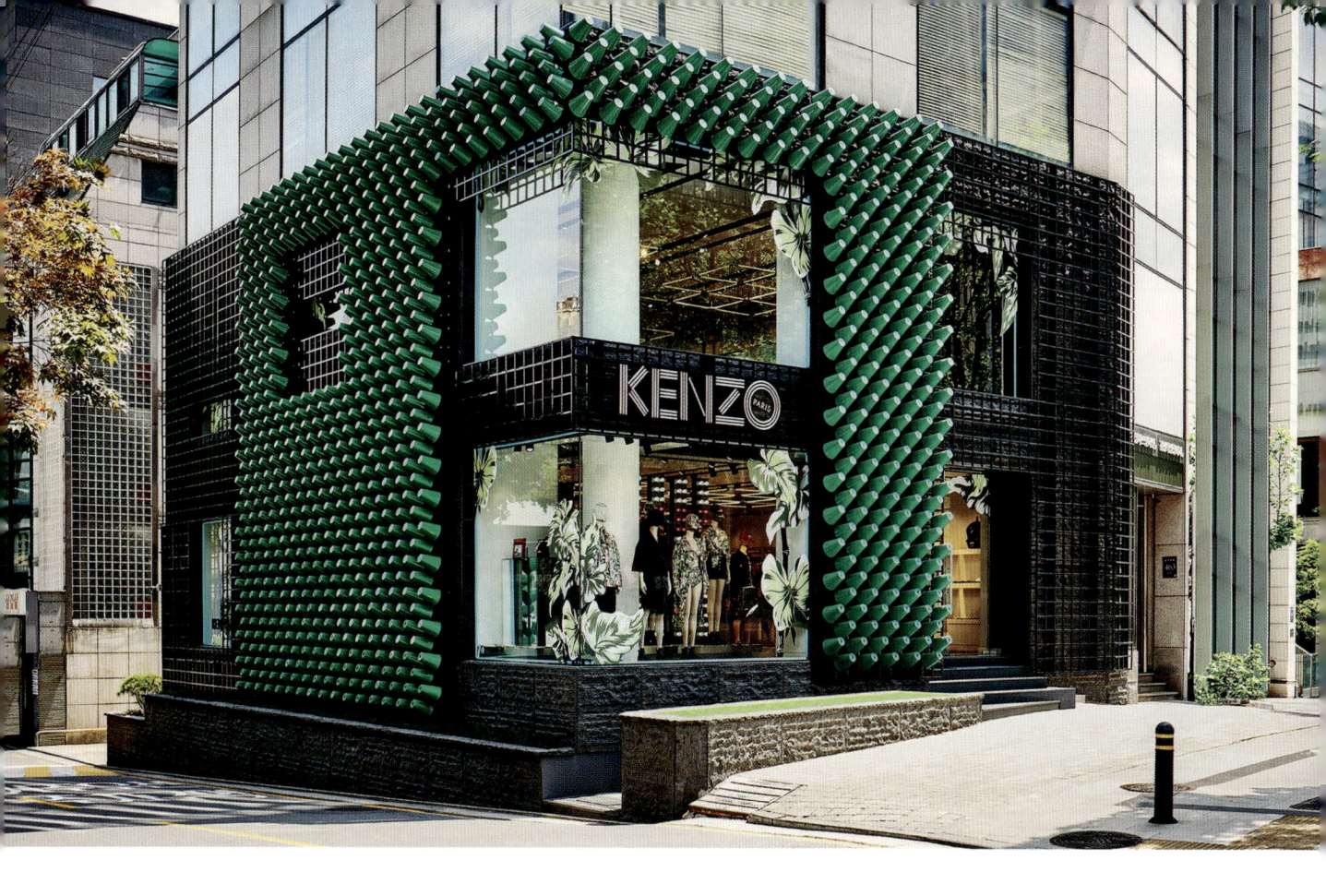

KENZO BY RAFAEL DE CÁRDENAS, LTD
Seul, Coreia do Sul

O arquiteto Rafael de Cárdenas e os diretores criativos da Kenzo, Humberto Leon e Carol Lim, criaram uma fachada para a loja localizada nos arredores da área comercial de Gangnam, na capital sul-coreana, Seul. A fachada expressa literalmente o estilo divertido e inovador da marca, destacando-se completamente dos seus vizinhos.

Nela foram usados 862 cones, presos por uma grade metálica preta, que remetem aos carretéis de linhas de bordado nos ateliês de moda — todos eles pintados em verde, cor muito presente como código da marca Kenzo. O interessante é que, de longe, os cones sobrepostos na grade metálica como malha formam uma textura homogênea na fachada da loja.

O arquiteto acredita que o design deve ser impactante e visivelmente reconhecível. Principalmente em uma cidade como Seul, onde o setor de compras e moda é muito concorrido, é preciso criar estratégias para se destacar cada vez mais.

SAUER BY ESTUDIO TUPI
São Paulo, Brasil

A nova identidade visual da joalheria Sauer inspira-se nas pedras brasileiras e na arte da joalheria, sendo seu projeto arquitetônico idealizado pelo Estudio Tupi, o projeto de iluminação pelo Estúdio Carlos Fortes e a identidade visual da marca por Tadzio Saraiva.

O verde-esmeralda, cor dominante e código da Sauer, materializa-se na fachada da loja e nos expositores de joias, gemas e objetos de arte comercializados pela marca. O espaço e as diferentes áreas de projeto se dão através do contraste de cores, como o amarelo vibrante no carpete, o rosa como fundo de tela nos expositores dos produtos e o verde-claro em alguns detalhes construtivos. O projeto foi uma evolução da loja principal em Ipanema, no Rio de Janeiro, ainda contendo traços de um visual merchandising com espírito de museu e galeria de arte.

O atendimento é trabalhado de diferentes modos: o balcão usado para grupos maiores e atendimentos mais rápidos e mesas reservadas para uma consulta mais privativa.

Os totens expositores formam parte da arquitetura do espaço, sendo conectados até o teto como se fossem colunas. Dentro de cada um deles, os produtos são iluminados com uma luminária exclusiva, desenvolvida e inspirada nas formas do icônico anel Constellation (criado pela Sauer em 1966 e premiado pelo Diamond International Awards). Os tubos de luz que compõem a luminária foram produzidos separadamente e são fixados uns aos outros por meio de ímãs, possibilitando diferentes composições.

São códigos de marca, traduzidos no design da loja para obter uma experiência de retail mais impactante e levar os consumidores a fazer uma imersão no mundo Sauer.

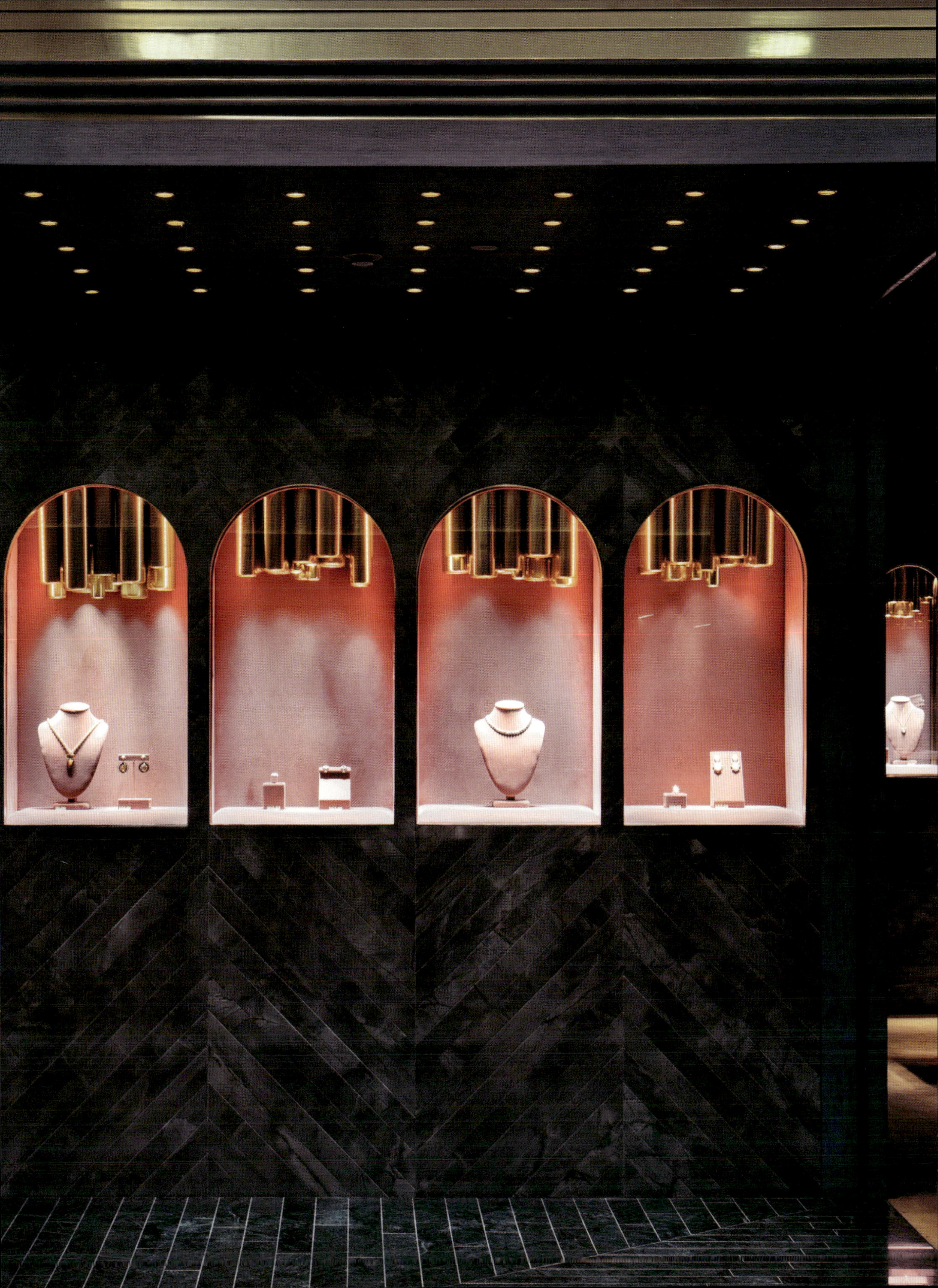

ESTÚDIO: ESTUDIO TUPI
SITE: ESTUDIOTUPI.COM
MARCA: SAUER
FOTO: RUY TEIXEIRA

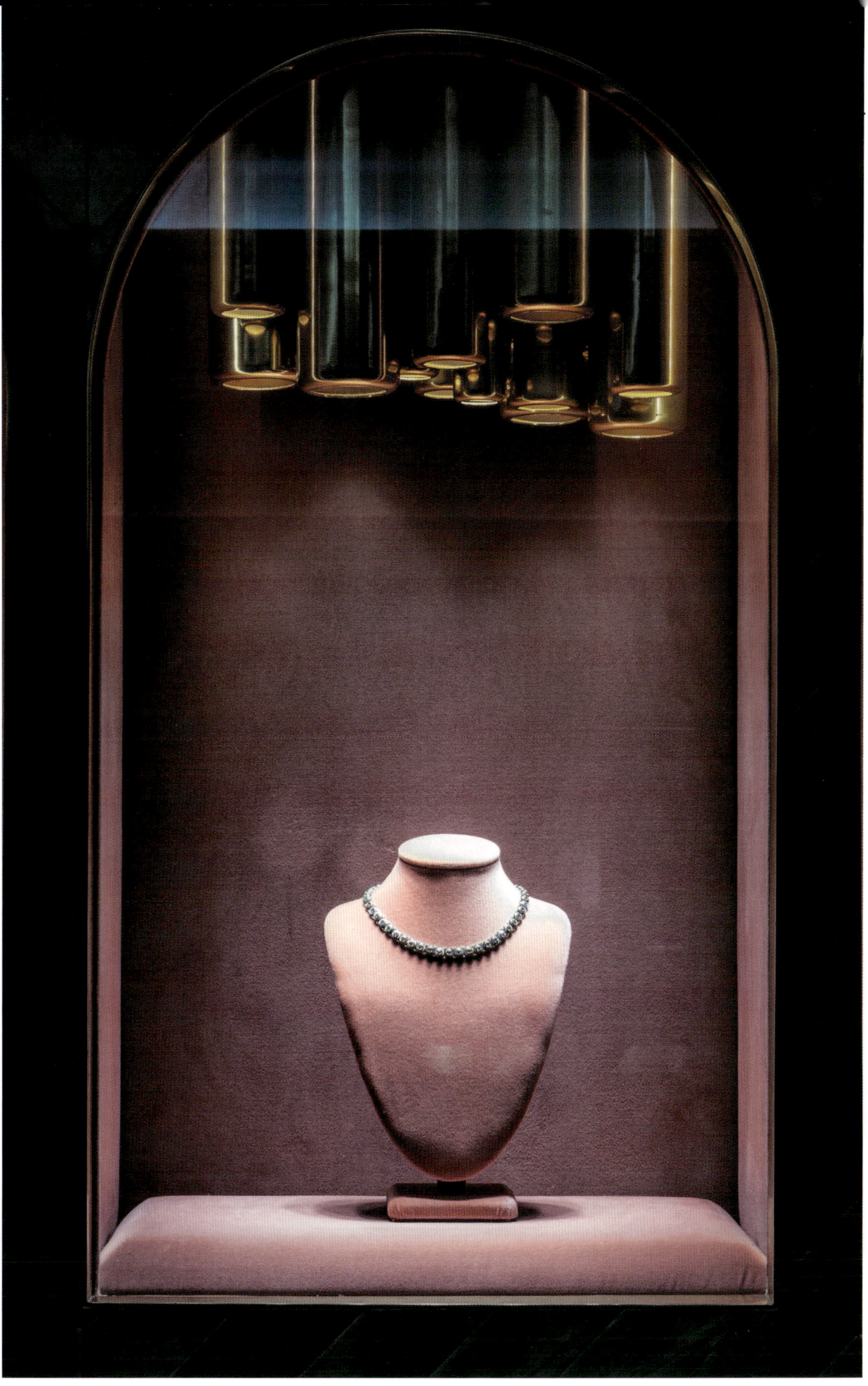

Layout

O layout nada mais é que a setorização do projeto. Aqui, o projeto será definido através de zonas para facilitar a entrada das pessoas na loja, contribuindo para melhor circulação dos clientes no interior dela e a organização das áreas e expositores. Quanto mais tempo as pessoas permanecem e transitam dentro da loja, maiores as chances de converter a visita em vendas.

Pensando na localização da loja, é possível traçar as primeiras diretrizes para definir o layout, organizar os fluxos e juntar estratégias que "convidem" os visitantes a entrar em seu espaço. Interpretamos aqui os famosos touch points.

Touch points são os pontos que ajudam a definir o layout e o trajeto que queremos que as pessoas façam dentro da loja. Saber por onde a maioria das pessoas chega, que rua possui maior fluxo e qual a fachada mais visível do lado de fora do edifício define o começo e o final da sua setorização.

Também é importante classificar as áreas entre quentes e frias. Áreas quentes são as que

> **Um bom layout 'convida' o consumidor a entrar e percorrer o espaço, passando o maior tempo possível dentro da loja e facilitando o ato da compra no final.**

possuem maior fluxo de pessoas passando e/ou maior visibilidade. São áreas nas quais se considera colocar os produtos mais importantes à venda, lançamentos ou alguma campanha que seja relevante. Já as áreas frias são zonas em que o fluxo de pessoas é mais limitado ou a visibilidade é quase nula. Para essas áreas, considera-se colocar estoque, caixa, áreas de serviço secundárias ou de consulta privativa.

4. ESTRATÉGIA DE RETAIL

Entender o entorno ajuda a definir as áreas, se proteger de concorrentes e fazer o espaço se destacar. Por exemplo, consideremos um corner dentro de uma loja de departamento, onde há alta competitividade e as marcas estão posicionadas uma ao lado da outra. Criar barreiras visuais para que o concorrente ao lado não seja identificado e criar barreiras físicas para que o cliente não transite facilmente para o espaço da marca vizinha são estratégias válidas e fundamentais.

Barreiras físicas e visuais são sempre úteis para guiar o consumidor dentro do espaço, fazendo-o percorrer o maior caminho possível. Porém, deve-se tomar cuidado para não dificultar o acesso nem a circulação. Um bom layout é o que "convida" inconscientemente o consumidor a entrar e percorrer o espaço, passando o maior tempo possível dentro da loja e facilitando o ato da compra no final.

EXCELSIOR MILANO BY DIMORESTUDIO
Milão, Itália

Para a pop-up store da loja multimarcas Excelsior Milano, feita em 2018 na Galeria del Corso, a Dimorestudio preparou um novo conceito, evoluindo a experiência de compras para um ato único, envolvente e cosmopolita.

Cada andar possui um tapete com um desenho diferente, criado exclusivamente pelo estúdio e diferenciando os setores da loja. Provadores e expositores em formato de caixa ajudam a delimitar espaços e organizar marcas e produtos de diferentes categorias. Para melhorar a iluminação da loja, a Dimorestudio optou por criar uma malha com lâmpadas de neon no teto, o que também faz parte da composição do design de interiores.

Há outros elementos soltos no espaço, que trazem um toque divertido e contemporâneo, como araras em formas circulares que parecem flutuar pela loja e cadeiras de estádios esportivos para descanso.

4. ESTRATÉGIA DE RETAIL

ESTÚDIO: DIMORESTUDIO
SITE: DIMORESTUDIO.EU
MARCA: EXCELSIOR MILANO
FOTO: PAOLA PANSINI

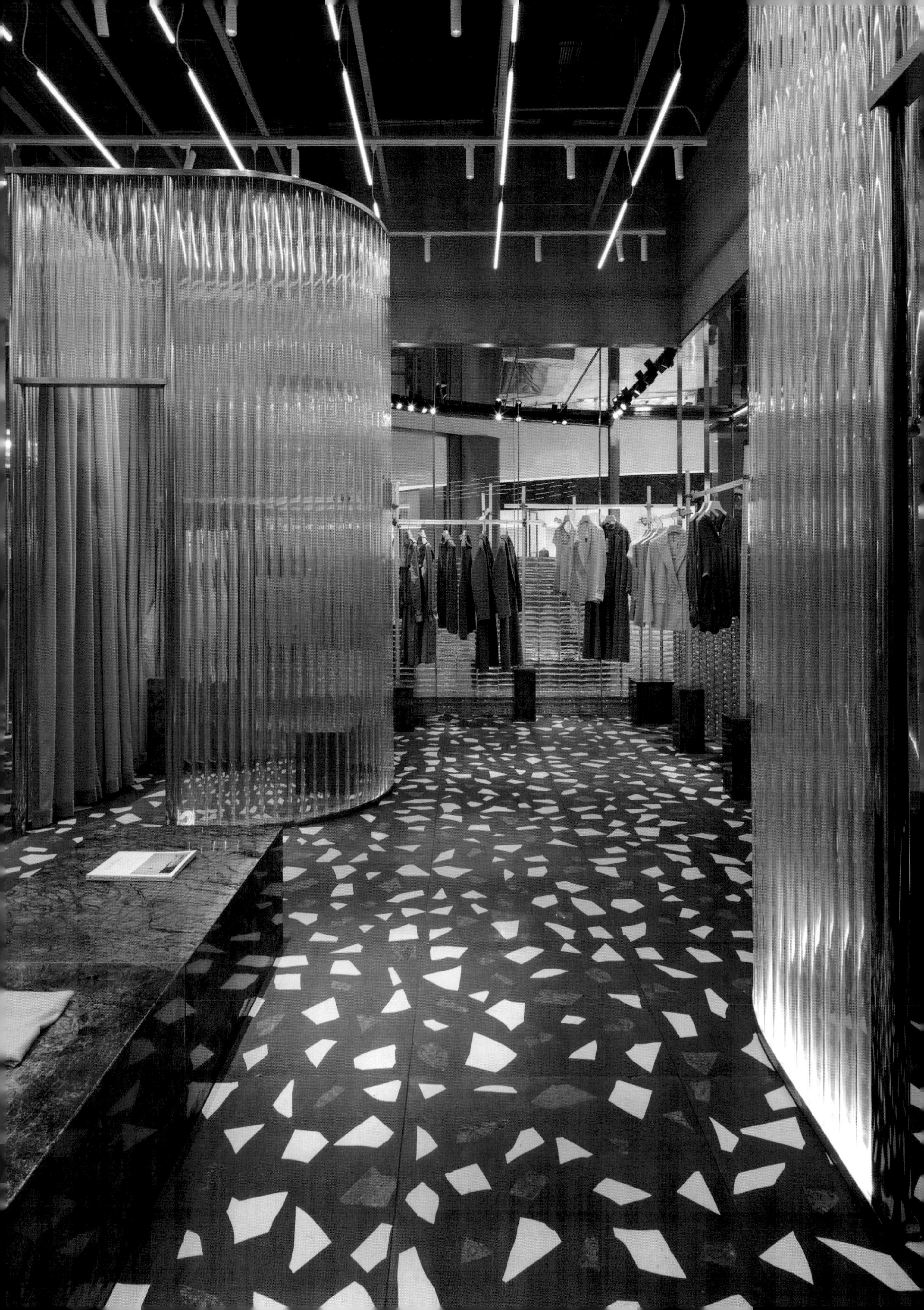

4. ESTRATÉGIA DE RETAIL

GEIJOENG BY STUDIO 10
Schenzhen, China

O Studio 10 foi o idealizador da loja da Geijoeng, uma marca de moda feminina minimalista, em Schenzhen, na China.

Em 120 m², o estúdio optou por usar materiais reflexivos, translúcidos e transparentes, combinados com uma cortina de veludo verde. Os diferentes materiais usados compõem o ambiente em formato de expositores, araras e painéis separativos, concebendo o layout do interior e delimitando o caminho do cliente pela loja.

O sistema de araras foi feito com hastes de acrílico fosco com juntas de metais prateados fixos sobre plataformas de mármore verde em diferentes alturas. Altamente ajustável e adaptável, esse sistema facilita a mudança de visual merchandising de acordo com cada lançamento dentro da loja.

ESTÚDIO: STUDIO 10
SITE: STUDIO10.CO
MARCA: GEIJOENG
FOTO: CHAO ZHANG

4. ESTRATÉGIA DE RETAIL

Customer journey

Traduzido literalmente, a expressão customer journey significa "a jornada do consumidor". É o caminho idealizado para ele percorrer dentro da loja, com dois principais objetivos: ajudá-lo a visualizar os produtos que a marca oferece e fazer com que permaneça o maior tempo possível dentro da loja. Essa estratégia faz com que o cliente tenha mais contato com a marca e seus produtos, aumentando as chances de converter esse tempo em vendas.

Customer journey e o layout estão diretamente interligados. O layout deve implicar exatamente o que se pretende que aconteça nesse percurso do cliente.

A área de acesso é o primeiro contato do cliente com a marca. É a transição do mundo de fora para dentro do lifestyle da marca. Essa entrada deve ser livre e inspiradora para facilitar o acesso e estimular a curiosidade. A área de acesso é onde os consumidores vão julgar e identificar a marca no seu subconsciente por meio de displays, acabamentos e iluminação, classificando se é uma marca com produtos mais caros ou acessíveis, tradicional ou moderna etc.

Após passar pela área de acesso, a tendência é que 90% das pessoas virem à direita inconscientemente. É exatamente essa a área mais quente da loja, onde devem se destacar produtos importantes, lançamentos e campanhas do momento.

Desenvolver um traçado no piso através da diferenciação e do contraste de texturas e materiais ajuda o consumidor a se situar e percorrer a loja, criando um fluxo e delimitando diferentes categoriais. Esse caminho deve ser o mais largo possível, para que as pessoas percorram e tenham contato com o maior número disponível de produtos e serviços no interior da loja.

Diversificar o design dos expositores auxilia a controlar esse fluxo da loja. Por exemplo: colocar um expositor ou um detalhe chamativo no final da loja faz com que o cliente se direcione para lá; displays diferentes estrategicamente posicionados no meio da loja também ativam a curiosidade das pessoas, fazendo-as diminuir

> **É o caminho que o consumidor percorre, com dois objetivos: ajudá-lo a visualizar os produtos e fazer com que permaneça mais tempo na loja.**

o passo e parar, permanecendo mais tempo nessa jornada. É importante que os expositores estejam sempre alinhados com a visão dos clientes.

Certifique-se de que haja áreas confortáveis para sentar e descansar que, de preferência, estejam direcionadas estrategicamente para expositores e produtos, de modo que o cliente estará olhando para os produtos constantemente.

A customer journey terminará no caixa. É importante aproveitar a parede de trás do caixa para exibir alguma campanha ou logo, fortalecendo esse último contato entre o consumidor e a marca. Também é válido expor produtos pequenos em um nicho no caixa para compras de impulso no final do percurso.

A cerimônia de envolver o produto na embalagem é crucial para agregar valor à experiência final. Deixar que o cliente leve para casa uma embalagem personalizada e detalhada faz com que a marca continue exercendo influência mesmo depois do ato da compra.

Uma das melhores práticas de customer journey é da marca de móveis e decorações Ikea. Ao entrar na loja, a marca exibe produtos com preços baixos para as pessoas entrarem com a impressão de que seja uma marca acessível. O layout da loja faz com que os clientes passem necessariamente por todos os cômodos, do começo ao fim. E ao final voltam a expor produtos baratos e até mesmo colocam uma lanchonete onde o valor das comidas é em torno de 1 euro para ressaltar ainda mais que a marca é acessível.

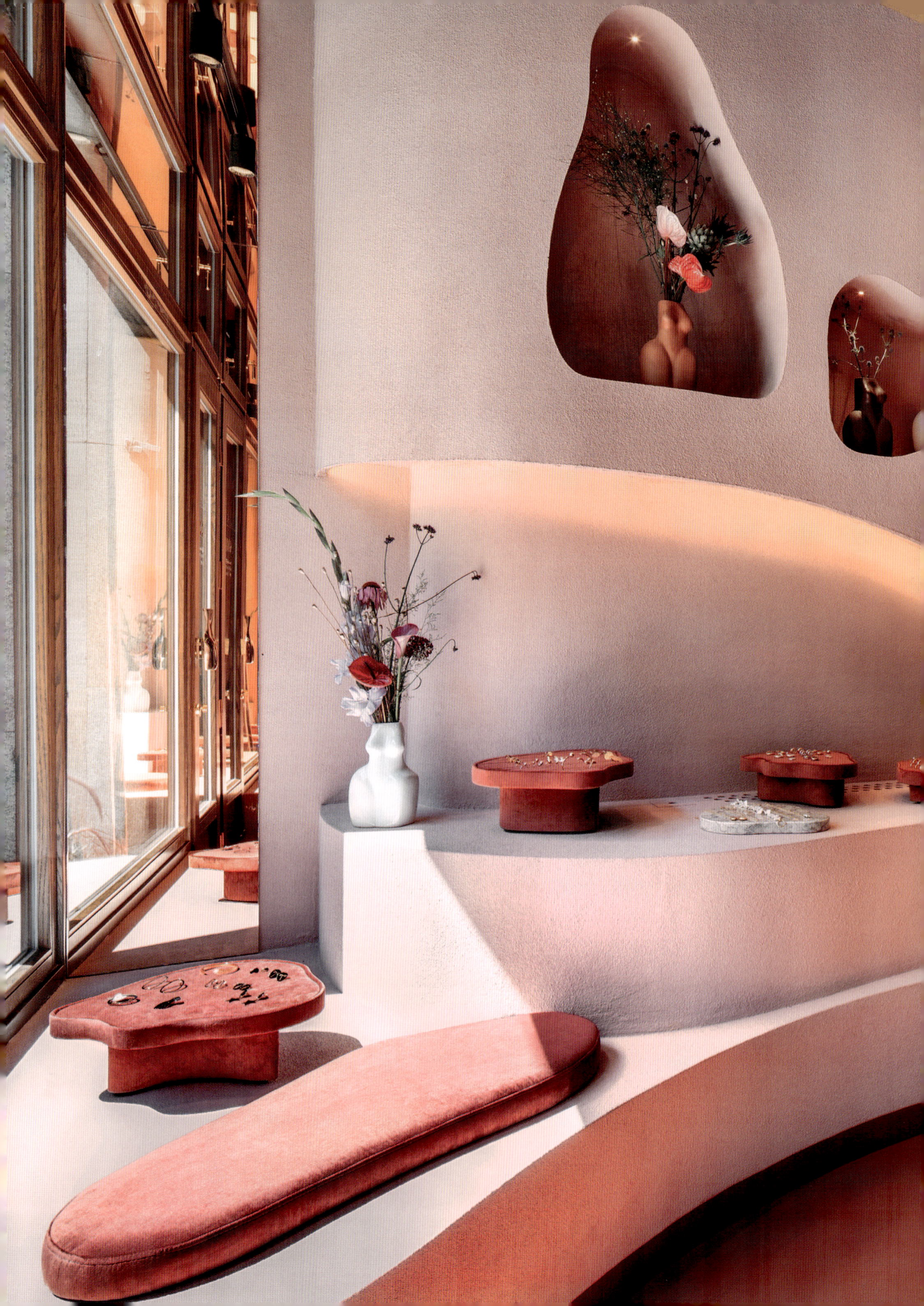

ESTÚDIO: NOKE ARCHITECTS
SITE: NOKEARCHITECTS.COM
MARCA: KOPI
FOTO: NATE COOK PHOTOGRAPHY

RETAIL DESIGN HUB

KOPI BY NOKE ARCHITECTS
Varsóvia, Polônia

A designer Natalia Kopiszka, da Noke Architects, buscou inspiração para a loja de joias Kopi nas suas viagens para o Marrocos e a Riviera Francesa. A sensação ao entrar na loja é de estar dentro de uma tenda luxuosa no meio do deserto marroquino.

O objetivo do projeto era criar um espaço onde os clientes tivessem uma experiência completamente imersiva na marca. O ponto de partida do projeto foi inspirado nas próprias joias da Kopi: formas curvas e suaves.

As formas orgânicas do mobiliário também induzem o cliente a percorrer suavemente a loja, descobrindo todas as peças da coleção. O design inusitado dos expositores faz com que os visitantes descubram as joias com maior atenção e curiosidade.

A paleta de cores da loja, variando dos tons rosa a terracota, faz parte dos códigos da marca Kopi. A combinação dessas cores por todos os elementos e mobiliário da loja cria um cenário hipnotizante para que o cliente passe mais tempo descobrindo as peças e imergindo no mundo da marca.

4. ESTRATÉGIA DE RETAIL

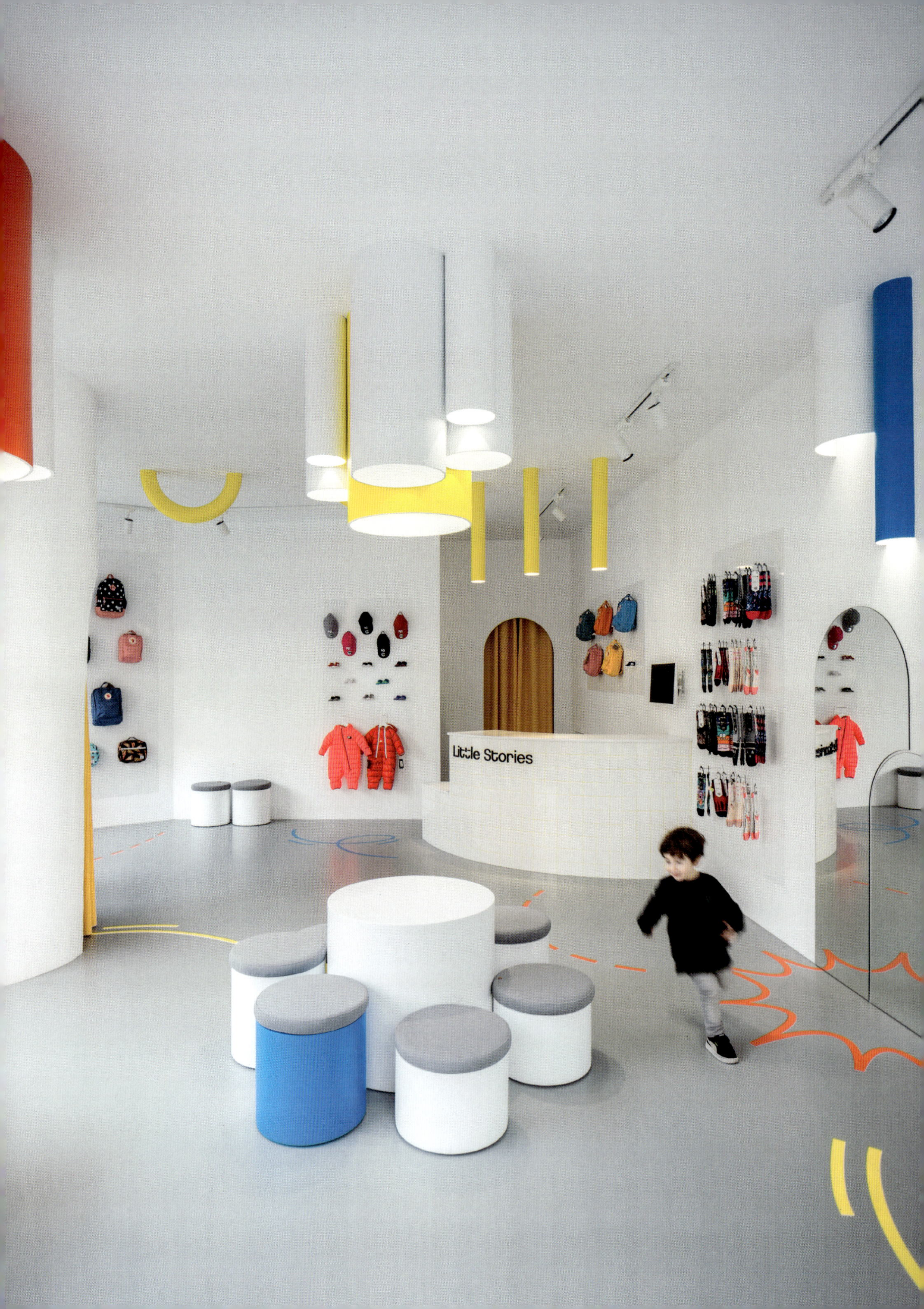
Little Stories

LITTLE STORIES BY CLAP STUDIO
Valência, Espanha

Little Stories é uma loja-conceito criada exclusivamente para vendas de sapatos de criança. Por isso a Clap Studio, com muito carinho, quis criar uma experiência para os pequenos.

Após algumas reuniões, o estúdio e o cliente chegaram à conclusão de que a essência da Little Stories se dividia em três palavras: brincadeira, simplicidade e adaptação. Além do retail design, a Clap Studio também foi responsável pela criação do branding da marca.

Os detalhes do projeto de interiores foram desenhados para dar asas à imaginação das crianças, sendo ao mesmo tempo um cenário que ressaltaria os produtos expostos.

A customer journey dos pequenos clientes começa pelo lado de fora da loja, onde há um parquinho, e continua dentro dela através dos expositores e pequenos mobiliários. A fachada foi revestida em porcelanato branco, e elementos gráficos foram adicionados, fazendo referência a uma história em quadrinhos. As janelas e vitrines em grande formato de arcos dão acesso e trazem maior visibilidade ao interior da loja para o exterior da rua.

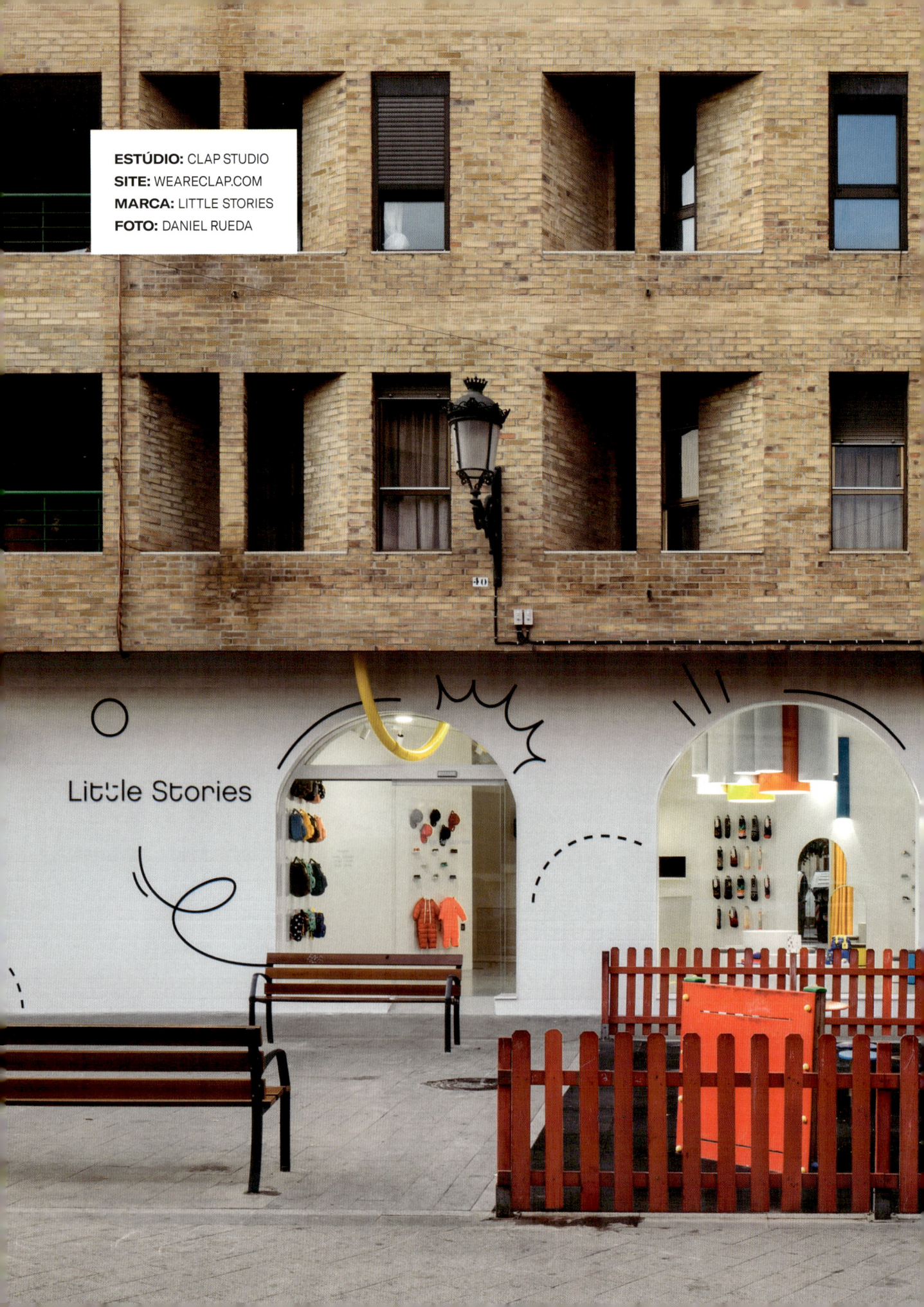

ESTÚDIO: CLAP STUDIO
SITE: WEARECLAP.COM
MARCA: LITTLE STORIES
FOTO: DANIEL RUEDA

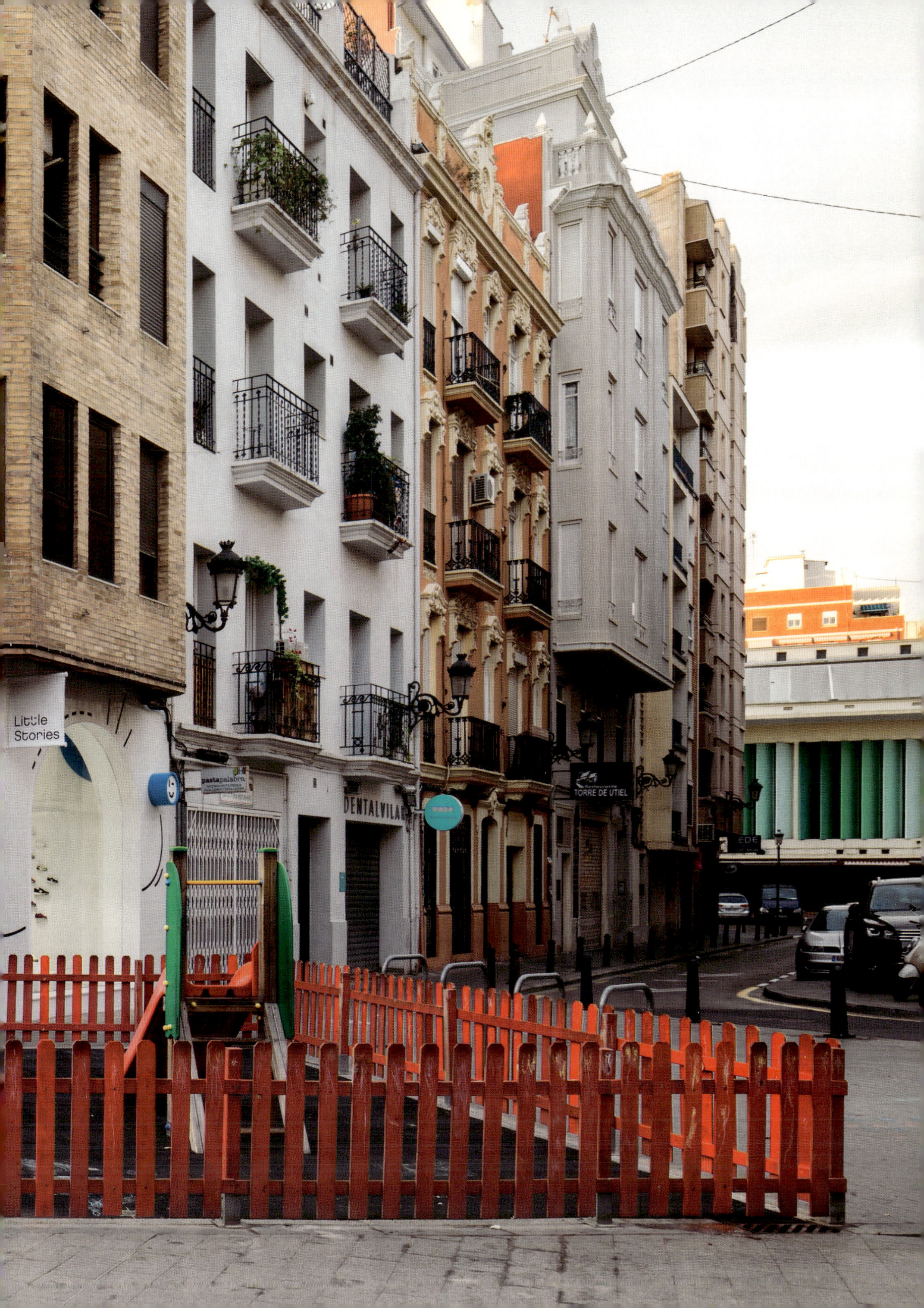
Little Stories
pastapalabra
DENTALVILA
TORRE DE UTIEL

Conceito e imagem

Definir o conceito e a imagem da loja é a parte mais importante dentro do desenvolvimento do retail design. É a hora de fazer um brainstorming e tirar do papel a pesquisa e a definição elaboradas anteriormente para criar uma identidade própria para a marca, de modo a distingui-la nitidamente dos competidores e conectá-la efetivamente a seu público-alvo. O ideal é traçar mais de uma rota de conceito a ser explorada, não passando de três, para oferecer a possibilidade de discutir a melhor via com o cliente.

Através da missão e dos valores da marca, é possível extrair características que devem ser refletidas no design por meio de códigos de retail. É preciso transformar o branding e o manifesto de lifestyle da marca em design palpável dentro da loja. A essência, os valores e a personalidade da marca devem ser disseminados por meio de códigos de design: materiais, texturas, paleta de cores, look and feel, estética dos móveis, detalhes estruturais etc.

Por exemplo, para uma marca que possui um apelo mais tradicional, presente há anos no mercado para um público feminino mais maduro, pode-se considerar uma madeira escura e adicionar tons e detalhes femininos para compor o ambiente. Ou, para uma marca desenvolvida para um público mais jovem, com um conceito tecnológico e minimalista, pode-se considerar o uso de metal escovado para deixar o ambiente mais descontraído, mantendo estruturas industriais aparentes.

É essencial que o retail design esteja diretamente relacionado com a personalidade e o lifestyle da marca, atingindo seu público-alvo de maneira clara através de atributos físicos, sensoriais e emocionais dentro do ambiente. O uso da logomarca em diferentes pontos focais da loja também ajuda a criar essa conexão. Se a marca possui um monograma, por que não usá-lo de maneira criativa no espaço, seja através de uma malha estampada ou um pequeno detalhe nos móveis?

Palavras, imagens, logomarca, objetos, cores e texturas geram sensações no subconscien-

4. ESTRATÉGIA DE RETAIL

te do consumidor para vivenciar o conceito da marca. Por isso as escolhas desses atributos são fundamentais para criar um projeto com personalidade, fiel aos códigos da marca. Pensar na marca como pessoa ajuda a decodificar esses códigos e traduzi-los em design.

Consideremos o exemplo da marca Fendi, com valores de tradição, elegância, alta qualidade e ao mesmo tempo divertida e inovadora. Foi fundada em 1925, em Roma, e ainda mantém fortemente o legado de ser 100% italiana.

Roma é conhecida pela influência da sua arquitetura e sua história. Duas fortes características da cidade são os arcos romanos e o mármore presente nas ruas e nos pontos turísticos — formas e materiais estes dos quais a Fendi se apropriou ao criar o conceito das lojas.

É possível identificar os arcos tanto na fachada da sede administrativa da marca (o Palazzo della Civiltà Italiana), na entrada da flagship, em Roma, como na fachada de vidro dentro do complexo de Ginza, em Tóquio.

Já o mármore se faz presente no interior de todas as lojas, como legado da arquitetura romana. Em algumas delas é possível identificar o mármore verde, o branco e o marrom-escuro, presentes dentro do Panteão (um dos pontos turísticos mais importantes de Roma).

Além da tradição e da história, a marca também é conhecida por ser visionária, sempre inovando e trazendo modernidade às suas coleções. Com isso, pode-se perceber no interior das lojas o uso de peças de arte e design contemporâneo. Para completar essa mescla entre tradição e inovação, foram escolhidos materiais clássicos e móveis de estética moderna.

É importante que a marca ofereça uma experiência homogênea e passe uma mensagem consistente ao seu consumidor através de todos os seus canais: mídias, eventos e espaços. É responsabilidade do retail designer manter essa coerência de marca ao criar o conceito e a imagem da loja.

ESTÚDIO: CURIOSITY
SITE: CURIOSITY.JP
MARCA: FENDI
FOTO: CORTESIA DE FENDI

FENDI (ROMA) BY CURIOSITY
Roma, Itália

A flagship store da Fendi, em Roma, é a mescla entre a inspiração da arquitetura romana (cidade onde a marca nasceu) e a modernidade da marca. O design da loja foi assinado pelo arquiteto Gwenael Nicolas, do estúdio Curiosity, trazendo uma estética contemporânea para o local e uma experiência de marca para o consumidor.

    Logo na entrada da loja, a escada feita em mármore vermelho conecta os dois andares em um grande vazio no coração do edifício. A tradição do mármore dentro da loja é reinterpretada por texturas e formas diferentes. Expositores de design inusitado são projetados pela loja, como uma parede feita com 30 mil hastes de bronze que expõem as famosas bolsas Baguette, ícone da marca Fendi, como se elas estivessem flutuando.

FENDI (GINZA) BY CURIOSITY
Tóquio, Japão

Para a loja da Fendi em Ginza, uma das maiores áreas comerciais em Tóquio, o estúdio Curiosity também trouxe um pouco do look and feel dos arcos da arquitetura romana, reinterpretados pela modernidade e pela tecnologia da capital japonesa na fachada da loja.

Os 40 arcos foram fabricados em aço inoxidável com um acabamento especial em pintura e parafusados em frente a painéis de vidro laminado, presos por uma estrutura.

ESTÚDIO: CURIOSITY
SITE: CURIOSITY.JP
MARCA: FENDI
FOTO: SATOSHI SHIGETA

Experiência

Lojas não são mais somente distribuidoras de produtos, e sim criadoras de experiências. O mundo digital é uma realidade hoje em dia, e com ele é fácil comprar um produto com apenas um clique do seu computador, porém é um setor sem diferenciação, que oferece aos consumidores a mesma experiência de compra e processos padronizados por todo o mundo. Por isso as lojas físicas devem proporcionar muito mais do que apenas produtos expostos; devem ser ambientes para que os clientes possam explorar, se entreter e conectar-se emocionalmente com a marca.

Muito mais do que desenhar o interior da loja, é preciso pensar na experiência que ela proporciona e em quais valores ela agrega para o seu público. Consumidores necessitam de uma razão para irem até a loja, do contrário podem apenas comprar on-line. Um exemplo dessa estratégia é ver como os shopping centers evoluíram ao longo do tempo. Antes destinavam 90% de seu layout para lojas e vendas e apenas 10% para lazer. Hoje o lazer ocupa 50% do espaço de um shopping center, e a outra metade é ocupada pelas lojas.

Deixar que as pessoas vejam, sintam e segurem os produtos antes de comprar é fundamental para criar experiências e interação entre consumidor e marca, transformando-as em vendas no final do processo. É importante lembrar que as pessoas possuem cinco sentidos, e não apenas um. Deve-se explorar:

- A VISÃO através de cores, luz, contraste e simetria, criando barreiras visuais e atrativos, guiando o consumidor dentro da loja.
- A AUDIÇÃO através da música: a escolha de músicas mais lentas tocando dentro da loja, por exemplo, faz com que os clientes desacelerem inconscientemente o seu passo, permanecendo mais tempo dentro da loja; já optar pelas músicas pop mais tocadas do momento traz um engajamento maior do público jovem.
- O TATO, cedendo aos consumidores produtos que eles possam tocar, sentir e provar, o que ajuda ainda mais as vendas.

4. ESTRATÉGIA DE RETAIL

- O OLFATO, que igualmente contribui para os clientes lembrarem da sua marca como uma experiência agradável.
- E O PALADAR, se seu produto ou serviço for relacionado ao consumo alimentar, o que possui uma efetividade muito maior no final das vendas.

Criar serviços e rituais como ícones da marca que fazem parte desse espaço agrega valor ao retail design e gera curiosidade. O emprego da tecnologia é um grande aliado para a experiência, mas deve ser um atributo de fácil uso e entretenimento do consumidor. Desenhar na escala do seu público-alvo também é uma estratégia para aumentar a efetividade da experiência, como em uma loja de brinquedos.

A experiência se dá na interação entre bens (produtos ou serviços), espaço (tanto on-line quanto off-line) e usuários (clientes, consumidores e público-alvo). Para criar experiências, é preciso deixar à parte o lado arquiteto e transformar-se em um diretor de palco. Pessoas felizes e entretidas permanecem mais tempo dentro da loja e consequentemente compram mais.

Hoje em dia, devemos nos perguntar como as pessoas querem passar 30 minutos de suas vidas em vez do que elas querem comprar.

ESTÚDIO: NENDO
SITE: NENDO.JP
MARCA: BBYB
FOTO: DAICI ANO

BBYB BY NENDO
Tóquio, Japão

A marca BbyB foi fundada na cidade da Antuérpia, na Bélgica, por Bart Desmidt, um chef renomado com estrelas Michelin. BbyB é uma marca sofisticada de chocolate, com diversos sabores associados a ele, desde morango e maracujá até pimenta e manjericão.

O estúdio de design Nendo foi convidado para projetar a loja da marca localizada em Tóquio. Observando que as embalagens dos chocolates possuíam sempre o mesmo formato, os designers da Nendo usaram esse fator como ponto de partida ao criar o conceito do projeto e organizar os produtos no espaço.

O resultado do projeto foi a criação de um grande expositor central transparente de 12,5 m de largura, fazendo com que os produtos flutuassem no espaço. Cada sabor é colocado dentro de uma gaveta transparente do grande expositor central, onde os clientes podem observar, desde antes de entrar, as diferentes cores e sabores das caixas. Abrindo e fechando as gavetas, os visitantes descobrem a gama de produtos da marca de maneira divertida e experimental.

Visual merchandising

Investir e planejar o visual merchandising traz vários benefícios: otimiza o espaço da loja, aumenta a satisfação do consumidor, acelera as vendas, ajuda a manter a rotatividade dos produtos, além de trazer um foco atraente para o varejo.

O visual merchandising está dividido em quatro vertentes: o vitrinismo, a exposição de produtos, a comunicação e a sinalização. O vitrinismo é um atributo para atrair o consumidor para o interior da loja. A exposição de produtos serve para guiar o consumidor dentro da loja, tornando os produtos mais visíveis e acessíveis. Já a comunicação serve para divulgar campanhas, promoções e lançamentos relacionados com o marketing da marca. E a sinalização serve para informar o consumidor dentro da loja.

Vitrinismo

A vitrine ainda é um fator importante, tanto para as marcas como para a experiência urbana nas cidades. É o primeiro contato do cliente com a marca e serve para atrair o consumidor de longe, comunicando lançamentos e promoções. É um meio de expressão e publicidade, com o objetivo de gerar inspiração e curiosidade das pessoas através de storytelling. Traz um pouco do conceito da marca por meio da expressão em três dimensões, na fachada da loja.

No século XX, as vitrines serviam como extensão das lojas e exibiam a maior quantidade de produtos possível. Já no século XXI, as vitrines evoluíram de conceito, passando a contar histórias por meio de cenários, com o objetivo de capturar a atenção das pessoas. Não são mais decorativas, e sim cenográficas.

Há dois tipos de vitrine: em formato de cubo, com nichos fechados, geralmente usados por marcas de luxo, remetendo a um conceito mais exclusivo; e a vitrine que se estende, sem barreiras visuais, deixando as pessoas visualizarem o interior das lojas. Ambas proporcionam uma primeira sensação do que o cliente encontrará dentro da loja.

4. ESTRATÉGIA DE RETAIL

Estima-se que 42% dos consumidores são influenciados pela vitrine ao decidirem entrar na loja. Por isso vitrines têm de ser originais, criativas e instigantes. Elas servem para provocar e gerar emoções, e devem respeitar o calendário comemorativo da marca (Natal, Dia dos Namorados, promoções, novos lançamentos etc.). A escolha da iluminação, das cores, das volumetrias e da tipologia do manequim ajuda na persuasão e na efetividade da marca.

Exposição de produtos

Uma pesquisa feita pela Shopify aponta que aproximadamente 23% dos clientes não compram porque não encontram o que procuram dentro das lojas. Criar uma exposição de produtos estrategicamente correta faz com que o consumidor encontre com maior facilidade o que procura ou até mesmo deseje o que não procurava.

Deve-se seguir uma sequência lógica e uma boa distribuição dos produtos na planta da loja. Considerar os pontos "quentes" e "frios", o fluxo de pessoas e as vistas principais da loja ajuda a

> **Busca otimizar o espaço da loja, aumentar a satisfação do consumidor, acelerar as vendas, ajudar a manter a rotatividade dos produtos e trazer um foco atraente para o varejo.**

criar estratégias para a organização dos produtos, como citado anteriormente na seção sobre layout. Os lançamentos e as novidades devem estar expostos na entrada da loja para gerar curiosidade. Ordenar os produtos por tipologia e gama de cores também ajuda na organização. Os produtos mais baratos devem ser dispostos no final da loja e até mesmo perto do caixa, estimulando a compra por impulso.

Os produtos devem ser exibidos como objetos de desejo dentro da loja. Quanto menor o valor agregado do produto, maior a quantidade dele exposta pela loja. E, quanto maior o valor agregado do produto, menor a quantidade dele exposta pela loja, de maneira única e exclusiva.

Comunicação

A comunicação é atrelada ao calendário promocional da marca, seja através de campanhas publicitárias ou de animações cenográficas que mudam a cada mês dentro da loja (Natal, Dia das Mães, Dia dos Namorados, liquidações, lançamentos, entre outros).

É importante destinar espaços especiais para comunicar claramente as campanhas e o branding da marca. Devem-se prever espaços para elementos visuais, vídeos e pequenas animações temporárias dentro da loja.

Sinalização

A sinalização é um trabalho inteiramente de design gráfico dentro da loja. Serve para comunicar, guiar e passar informação para o consumidor. Está diretamente interligada com o layout da loja. Números para indicar as medidas dos sapatos nas prateleiras de uma loja de calçados ou placas dentro de uma loja de departamento para indicar em qual setor e

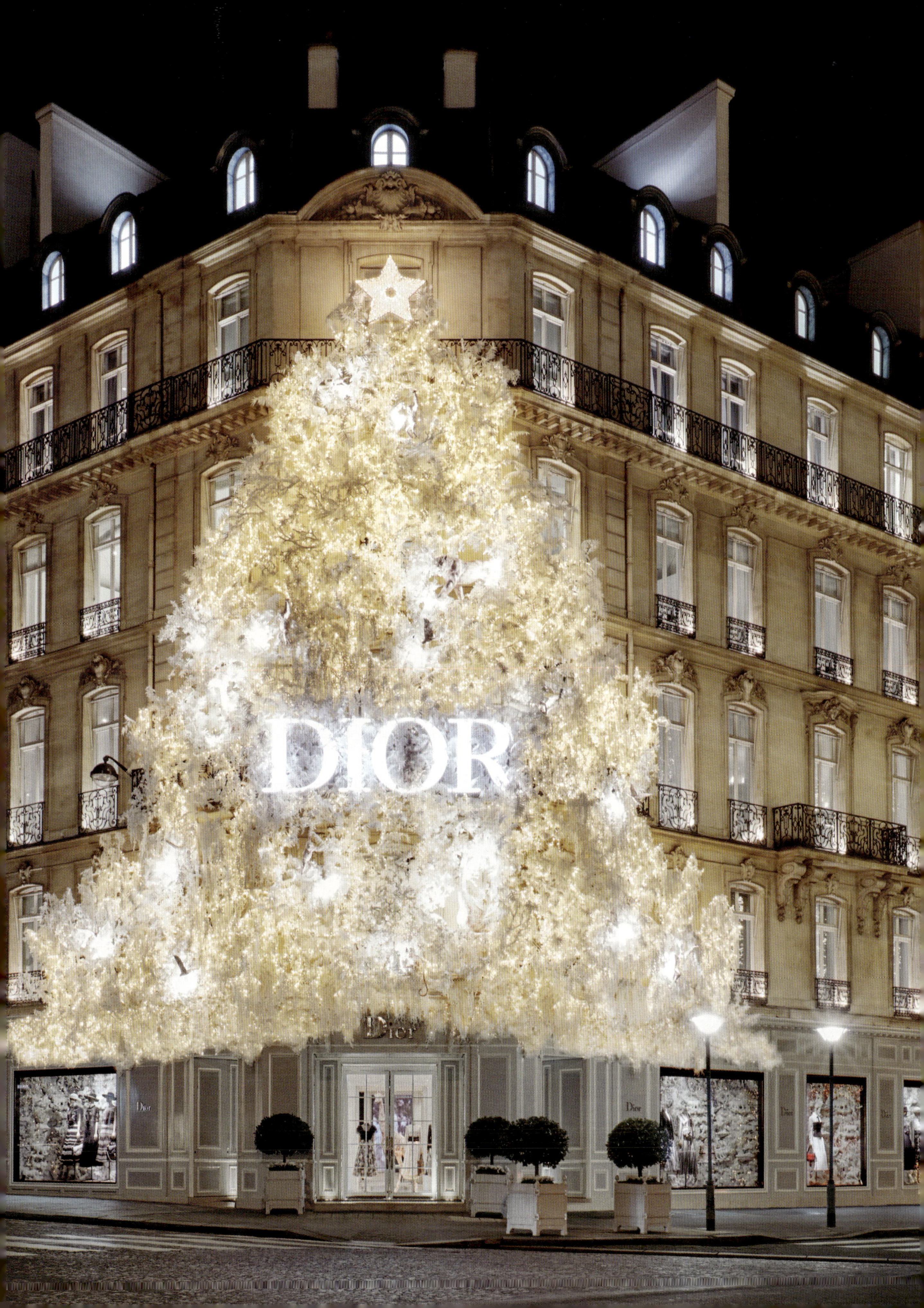
DIOR
Dior

Dior

4. ESTRATÉGIA DE RETAIL

andar você está (feminino, masculino, casa, eletrônicos) são exemplos de sinalização dentro das lojas.

Porém, deve-se estar atento para não criar sinalização excessiva nem confundir ou sobrecarregar o consumidor. A sinalização serve apenas de apoio à customer journey.

DIOR BY WANDA BARCELONA
Paris, França

A marca Dior revestiu a fachada da famosa flagship store da avenue Montaigne, em Paris, para o Natal de 2018, convidando o estúdio criativo Wanda Barcelona para conceber e executar o projeto.

Nessa época, a Dior lançava uma coleção inspirada no emblemático tecido La Toile de Jouy (um tecido típico francês do século VIII, com paisagens bucólicas e cenas do campo), traduzida pela diretora criativa Maria Grazia Chiuri com desenhos de fauna e flora exótica. Com esse mood da nova coleção, o estúdio criativo Wanda Barcelona, especializado em trabalhar minuciosamente com papel, foi convidado para vestir as vitrines das lojas da Dior e especialmente a fachada da loja da avenue Montaigne.

A equipe da Wanda Barcelona, depois de receber um briefing da marca, estudou diferentes espécies de árvores e arbustos para criar o design dos cenários e também variadas técnicas com papéis. As ideias foram validadas e afinadas com a equipe da Dior, comprovadas através de protótipos e executadas pela técnica de cortes dos papéis a laser. Foram dois meses de desenvolvimento criativo e seis meses de execução dos cenários.

Além das vitrines, a esquina principal da fachada da loja foi revestida com uma enorme árvore de Natal com a mesma vegetação feita em papel, montada durante três dias com a ajuda de dois guindastes.

Foram utilizados papéis japoneses especiais na fachada para aguentar intempéries do inverno parisiense e, ainda, papéis italianos delicados, que por sua transparência permitiam a passagem da luz dentro das vitrines.

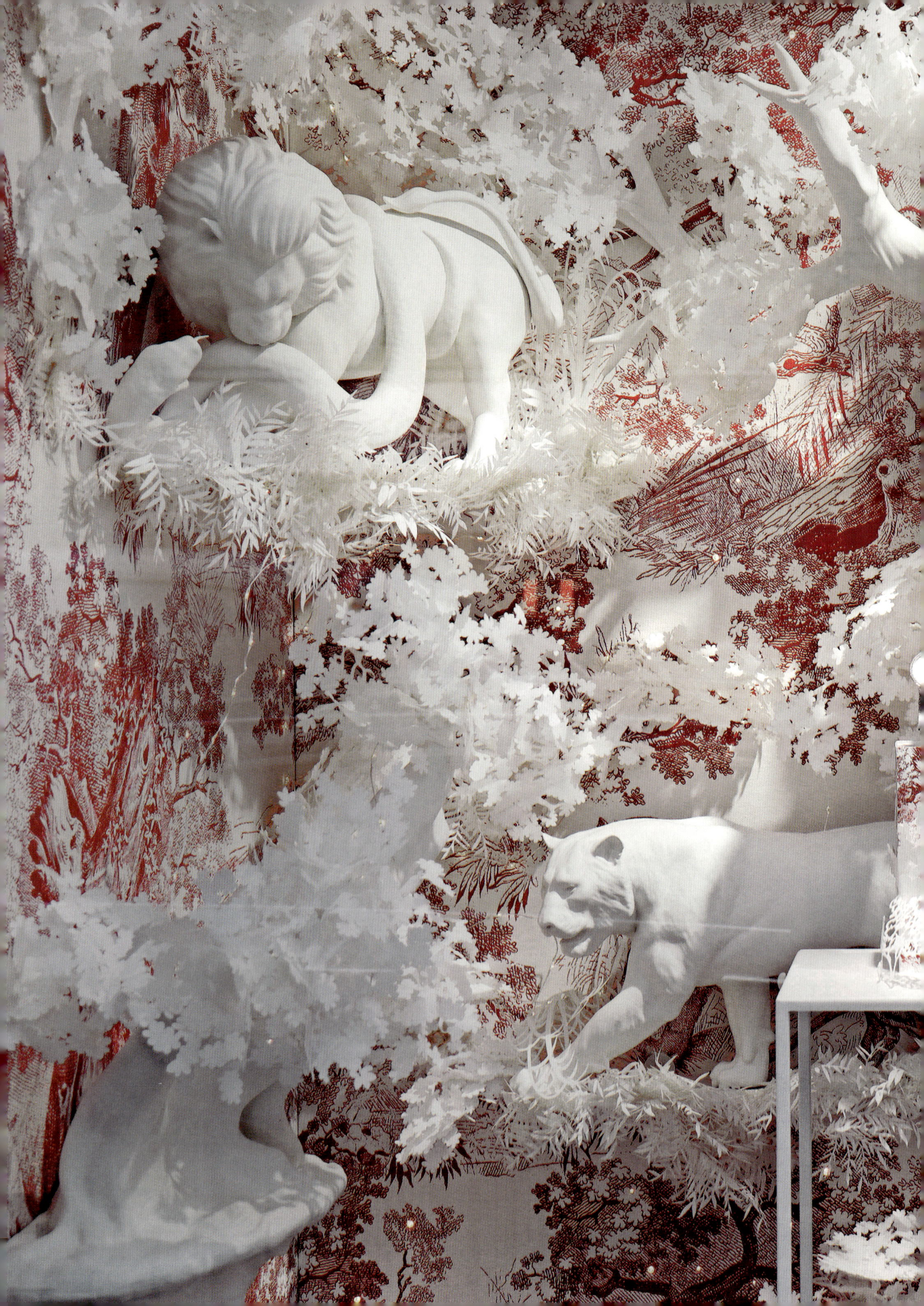

ESTÚDIO: WANDA BARCELONA
SITE: WANDABARCELONA.COM
MARCA: DIOR
FOTO: CORTESIA DE DIOR

Ao final, foram usados aproximadamente 5 mil folhas e mais de 1,5 tonelada de papel para tornar realidade a campanha de Natal da Dior. É importante ressaltar que todo o papel veio de uma produção responsável e, ao finalizar projetos tão grandes como esse, a equipe da Wanda Barcelona planta milhares de árvores com a ajuda da Trees For The Future.

CHIMI BY CAMPUS
Estocolmo, Suécia

Fundada em 2016 por dois amigos de infância, a marca Chimi já é referência de moda por todo o mundo quando se trata de óculos de sol. Expandindo suas vendas on-line para lojas físicas, a marca convidou o estúdio de arquitetura Campus para realizar o design da flagship store em Estocolmo.

4. ESTRATÉGIA DE RETAIL

ESTÚDIO: CAMPUS
SITE: THECAMPUS.SE
MARCA: CHIMI
FOTO: ERIK UNDÉHN

RETAIL
DESIGN
HUB

4. ESTRATÉGIA DE RETAIL

Ocupando um total de 345 m², o design da loja traz um conceito sofisticado, inspirado na arquitetura "brutalista" e um visual merchandising impecável. O estúdio optou por usar uma gama monocromática, para destacar melhor os produtos, porém apostou em diferentes texturas de materiais, expressando a estética da marca dentro da loja.

Não há muitos móveis espalhados pela loja, apenas o suficiente para expor correta e ordenadamente todos os óculos da Chimi, como as coleções Chimi Labs, a esportiva e a infantil.

DESIGN

Com toda a base de dados montada, a estratégia e o conceito definidos, é hora de tirar as ideias do papel. Quanto mais clara e estruturadamente os passos anteriores forem estabelecidos, será mais fácil pensar no design que mais se adapte à marca e a seu espaço.

A parte do design é a mais divertida e experimental do processo. É o momento de colocar em prática a estratégia no formato de três dimensões, fazendo com que a marca se destaque nitidamente dos seus competidores, conectando-se efetivamente com seu público-alvo.

Escolhida a rota de conceito, deve-se estruturar a parte de design, elaborando todas as suas vertentes: arquitetura, iluminação, design gráfico, design de interiores e design de mobiliário.

Após definir e aprovar o design, é importante criar um retail design book para a marca. Trata-se de um extenso documento explicativo com imagens, plantas, elevações, conceito e textos, que informa sobre o uso da logomarca dentro da loja, diferentes combinações e flexibilidade dos expositores e mobiliários, regras de visual merchandising e tudo o que for relevante no projeto.

O retail design book serve como guia para construção e referência de modo que o design e a experiência de marca dentro da loja mantenham-se ativos. Também serve para tirar dúvidas ou até mesmo quando for preciso fazer uma ampliação na loja.

No entanto, cuidado! Muitas vezes o retail design book é usado incorretamente para a reprodução da loja em outros lugares. É importante manter uma coerência de marca dentro do retail design, porém cada local possui uma estratégia de retail diferente, visto que pode ter um público-alvo variado e outro tipo de approach. Na maioria das vezes, o retail design de uma loja não pode ser replicado exatamente em outra localização; cada loja deve ser pensada de maneira única e personalizada.

DESCENTE BLANC

DESCENTE BLANC

4. ESTRATÉGIA DE RETAIL

DESCENTE BLANC BY SCHEMATA ARCHITECTS
Tóquio, Japão

O conceito que os arquitetos da Schemata Architects trouxeram para a Descente Blanc foi recriar o movimento que geralmente os funcionários da loja fazem ao ir até o armazém. Ao eliminar completamente a definição do estoque como um lugar escondido atrás do espaço de vendas, o projeto integra-o ao visual merchandising da loja de maneira autêntica e criativa.

O teto existente é removido, a fim de que a exposição de produtos e o visual merchandising se unam em um mesmo espaço, através de um sistema no qual as roupas sobem e descem. As luzes e os expositores no teto ficam suspensos e nivelados na mesma altura. Uma vez que todas as roupas estão suspensas, delimitam um "teto imaginário".

Essa configuração, além de ajudar a ganhar espaço na loja, que possui apenas 60 m², também cria certa curiosidade aos olhos do consumidor e praticidade para os vendedores.

RETAIL
DESIGN
HUB

4. ESTRATÉGIA DE RETAIL

ESTÚDIO: SCHEMATA ARCHITECTS
SITE: SCHEMATA.JP
MARCA: DESCENTE BLANC
FOTO: KENTA HASEGAWA

RETAIL
DESIGN
HUB

BREATHE BY MASQUESPACIO
Bogotá, Colômbia

A Masquespacio, idealizadora do projeto da Breathe, na Colômbia, ao deixar-se fluir por curvas despretensiosas e formas espontâneas, criou um espaço original, que foge do comum e prende o olhar do espectador.

Os expositores baseiam-se em malhas metálicas perfuradas que se repetem pela loja, com pequenos ganchos e miniprateleiras, os quais se adaptam a qualquer posição e configuração e são flexíveis para qualquer tipo de exposição de produtos.

O estúdio também optou pelo contraste de cores, criando forte identidade visual para o espaço, que se fixa na mente do visitante. A vitrine é permeável e transparente, para que os clientes possam apreciar o design de interiores inusitado mesmo do lado de fora. E o destaque da loja vai para o balcão central, com cadeiras roxas icônicas, como se fosse um bar.

ESTÚDIO: MASQUESPACIO
SITE: MASQUESPACIO.COM
MARCA: BREATHE
FOTO: MATEO SOTO

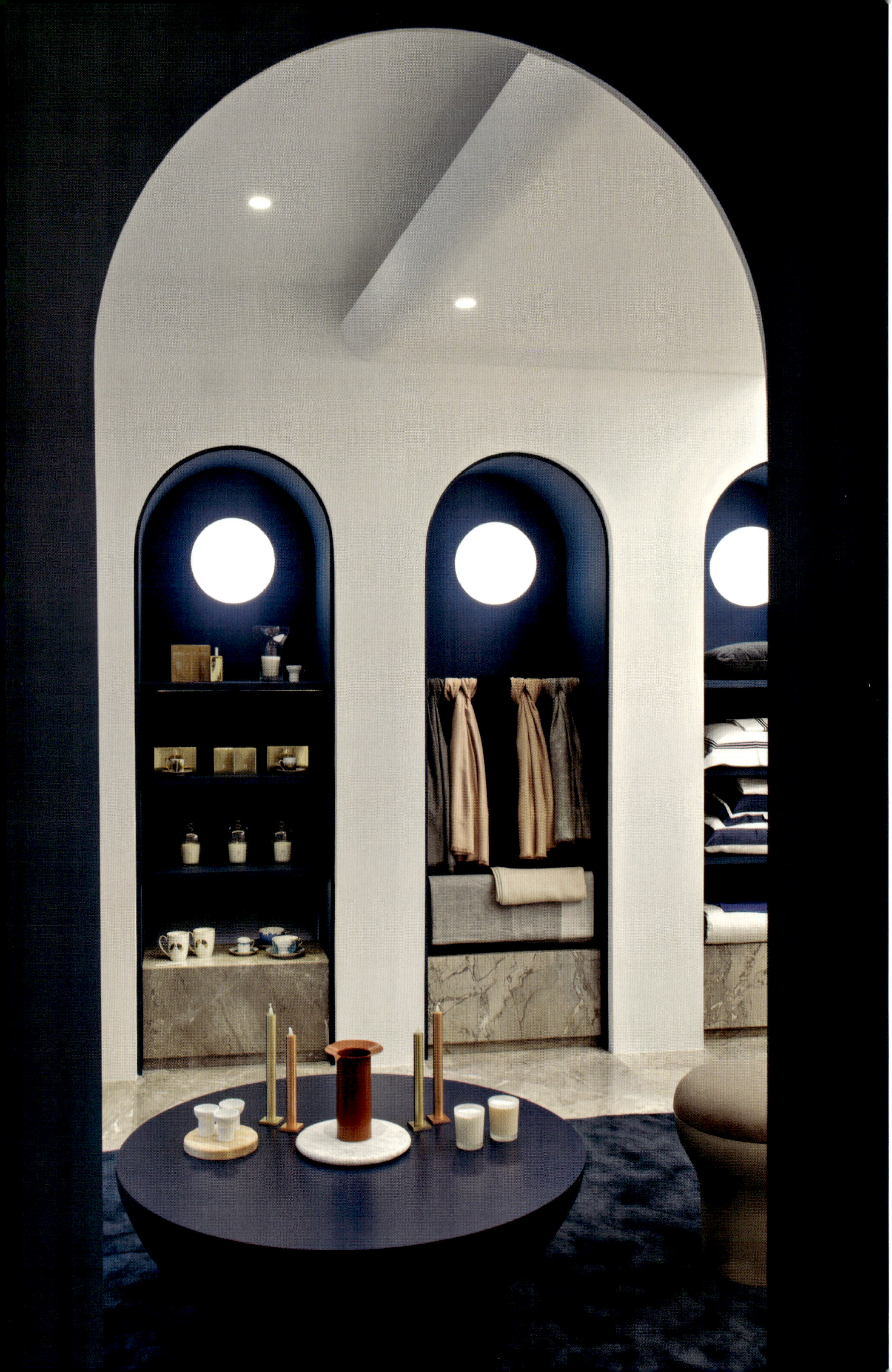

RESULTADO

O retail design é uma verdadeira busca e evolução da perfeição. O comportamento de consumo das pessoas muda e se transforma com o passar do tempo; marcas se adaptam a novas eras. Por essa razão, a disciplina deve sempre evoluir e estar em constante mudança. O ideal é que o retail design de uma marca seja revisado e readaptado de acordo com novas estratégias e demandas a cada cinco a dez anos.

É preciso sempre estar atento ao feedback dos clientes em relação ao local e à marca. Colocar o consumidor no centro do negócio ajuda a ampliar seu entendimento de consumo, direcionar produtos e serviços a eles e ganhar sua lealdade em longo prazo, consequentemente trazendo mais lucro através de vendas mais efetivas. Desse modo, é primordial colher feedback dos consumidores e estar atento a críticas ao espaço, para sempre buscar soluções e melhorias.

As críticas podem ser sobre aprimorar a experiência de compra, melhorar a parte funcional da loja direcionada aos vendedores ou até mesmo transformar o layout, deixando-o mais adequado (ao notar o movimento dos consumidores dentro da loja).

O importante é aceitar que o retail design está em constante transformação para aperfeiçoamento da experiência de marca através dos olhos do consumidor.

"

O retail design deve estar em constante transformação para o aperfeiçoamento da experiência de marca.

"

LA CHAMBRE BY MICKAËL GOURET
Paris, França

A loja da La Chambre, em Paris, projetada pelo arquiteto Mickaël Gouret, é o exemplo perfeito de que uma loja de colchões não precisa (e não deve) ser monótona.

Localizada no Boulevard Saint-Germain, a alguns passos do famoso Café de Flore, a La Chambre vende camas de alta qualidade a um preço justo, respeitando o ambiente e também o bolso do consumidor.

O arquiteto, observando que as camas e os lençóis ofereciam ao espaço um look and feel minimalista com um dégradé do bege ao branco, decidiu adicionar largos toques de cor azul para contrastar.

Os nichos em forma de arcos azuis organizam o visual merchandising da loja e criam um dinamismo para o ambiente, que pode chegar a ser monótono somente com a exposição das camas. Mickaël Gouret conseguiu trazer um pouco da essência dos "sonhos" para a experiência de compra da marca La Chambre.

ESTÚDIO: MICKAËL GOURET
SITE: MICKAELGOURET.COM
MARCA: LA CHAMBRE
FOTO: NICOLAS MATÉUS

ESTÚDIO: CAROLINA MALUHY
SITE: CAROLINAMALUHY.COM
MARCA: A. NIEMEYER
FOTO: ILANA BESSLER

4. ESTRATÉGIA DE RETAIL

A. NIEMEYER BY CAROLINA MALUHY
São Paulo, Brasil

A loja da A. Niemeyer no Shopping Iguatemi, em São Paulo, foi projetada completamente em linha com o conceito da marca.

A marca privilegia qualidade, linhas puras, bem-estar, atemporalidade, sustentabilidade e visa peças com tiragens pequenas para ressaltar a exclusividade e a individualidade das pessoas. Com base nisso, a arquiteta Carolina Maluhy optou por usar materiais reciclados e crus, inspirando-se na natureza.

A fachada abre-se para os corredores do shopping revestida inteiramente com madeira freijó, nativa da América do Sul. Linhas simples mas ao mesmo tempo esculturais fazem parte do design de interiores do espaço.

Cordas naturais caem soltas do teto, sendo usadas como expositores das roupas. Acabamentos em aço corten (bastante usado em navios) e pendentes no teto, fazendo referência a nuvens, completam esse look and feel marítimo. A sensação ao entrar na loja é de estar dentro de um barco de madeira em alto-mar.

5
FUTURO E TENDÊNCIAS DO RETAIL DESIGN

No decorrer do tempo, passamos de butiques tradicionais com serviços exclusivos para lojas de departamento com conceito self-service. Chegamos a uma era em que o retail não é mais uma simples troca; projeta-se mais além, focando na experiência de compra do cliente.

E então? O que o futuro promete para as marcas e os consumidores?

É difícil traçar um futuro concreto do que está em constante movimento. O retail design depende diretamente de comportamentos de consumo, avanços da tecnologia, mudanças globais e hábitos culturais e sociais. Ou seja, para projetar um espaço, além de entender a marca e o consumidor, é preciso compreender a fundo o que está acontecendo no seu entorno, devendo ser avaliado constantemente com o intuito de explorar as oportunidades e as ameaças do mercado, para projetar com maior eficácia.

É possível identificar essas mudanças no mundo e classificá-las através de tendências, estratégias e conceitos.

O cenário do retail design mudou muito desde o surgimento das primeiras butiques e negócios familiares. Nos tempos atuais, as lojas mudaram drasticamente a sua função no âmbito comercial. Lojas não mais distribuem produtos e serviços simplesmente — tornaram-se meio de comunicação, mídia e experiência.

Muitos acreditam que as lojas físicas estão perdendo força e pouco a pouco vão desaparecer em um futuro próximo por causa das vendas on-line — o que não é verdade.

O crescimento das vendas on-line causou uma mudança no papel das lojas físicas. O que antes era um destino de compras, hoje é um destino de experiências. Um consumidor que antigamente necessitava de algo saía da sua casa, ia até uma loja e comprava um produto ou adquiria um serviço. Hoje, esse mesmo consumidor pode adquiri-los através de aplicativos ou e-commerce. Esse mesmo consumidor continua se deslocando também até a loja física, porém com outro objetivo: viver experiências e ter um contato diferenciado com a marca.

Envolver o cliente é o segredo para o futuro do retail design, tanto por meio de serviços digitais como de experiências reais. Retailers e marcas estão entendendo que sua vantagem competitiva é a experiência dentro de suas lojas, gerando mais impacto e engajamento. Também buscam oportunidades fora do ambiente tradicional, criando conteúdo diferenciado para dar suporte a seus produtos e serviços. Podem se estender a diferentes tipos e formatos, desde pop-up stores até instalações e exposições de arte.

Podemos dizer, então, que o retail design do futuro está extremamente ligado a pessoas, sensações, experiências e entusiasmo. A seguir, são apresentadas as dez principais tendências focadas no conceito dessa nova era do retail design.

ESTÚDIO: ARQUITECTURA-G
SITE: ARQUITECTURA-G.COM
MARCA: ACNE STUDIOS
FOTO: JOSÉ HEVIA

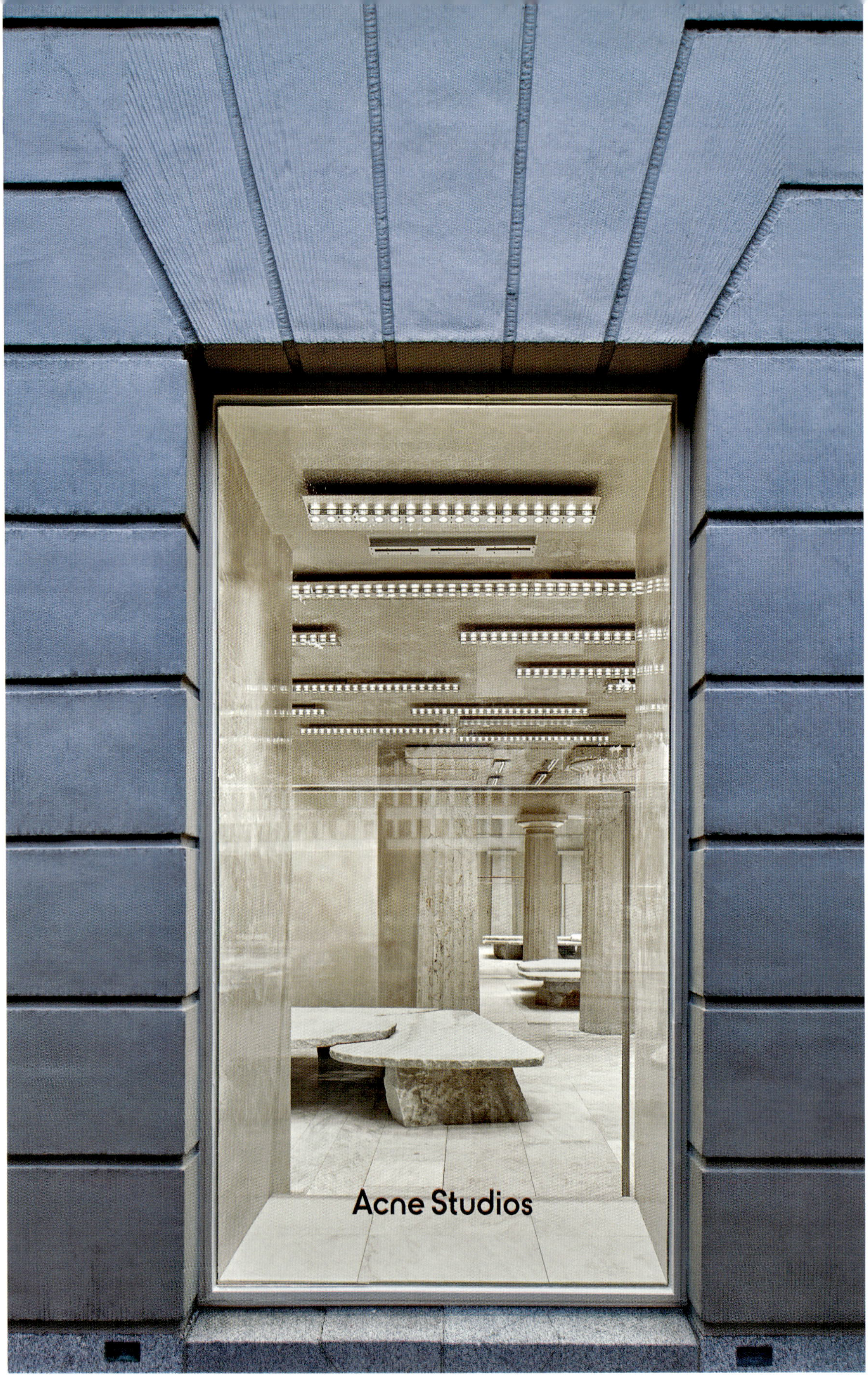
Acne Studios

5 . FUTURO E TENDÊNCIAS DO RETAIL DESIGN

STORYTELLING

Contar histórias. A narrativa faz parte da cultura humana: ouvir, contar, explicar. Para criar uma forte conexão com os consumidores, é preciso soltar a imaginação e narrar histórias através de espaços, bem como engajar os clientes nas formas mais autênticas e impactantes.

As lojas de hoje devem ser histórias em três dimensões, e não simplesmente um espaço de varejo. Devem compartilhar suas histórias com os clientes, criando experiências visuais e sensoriais por meio de decorações, instalações, cenografia e teatralidade. Devem evoluir de lojas tradicionais a experiências emocionais, sejam elas de como a marca surgiu, de seus valores ou de uma determinada coleção. Devem representar honestas manifestações de autenticidade para criar espaços experimentais, que brincam com a memória das pessoas.

Expor um produto através de um contexto mais impactante e uma curadoria diferente é muito mais efetivo que apenas expor um produto em uma prateleira comum. Para criar storytelling, as marcas devem pensar além de logos, produtos ou serviços. Devem criar ambientes únicos e envolventes que sejam verdadeiras exposições de seu lifestyle.

ACNE STUDIOS BY ARQUITECTURA-G
Estocolmo, Suécia

Instalada em um edifício do século XIX, no coração da cidade de Estocolmo, a flagship store da Acne Studios ocupa uma das locações mais privilegiadas para compras. A loja se encontra no lugar de um antigo banco sueco, que em 1973 foi cenário do famoso "assalto de Norrmalmstorg", no qual quatro pessoas foram feitas reféns durante seis dias. Para a surpresa de todos, os reféns desenvolveram uma relação especial com os raptores, e isso ficou conhecido mundialmente como Síndrome de Estocolmo.

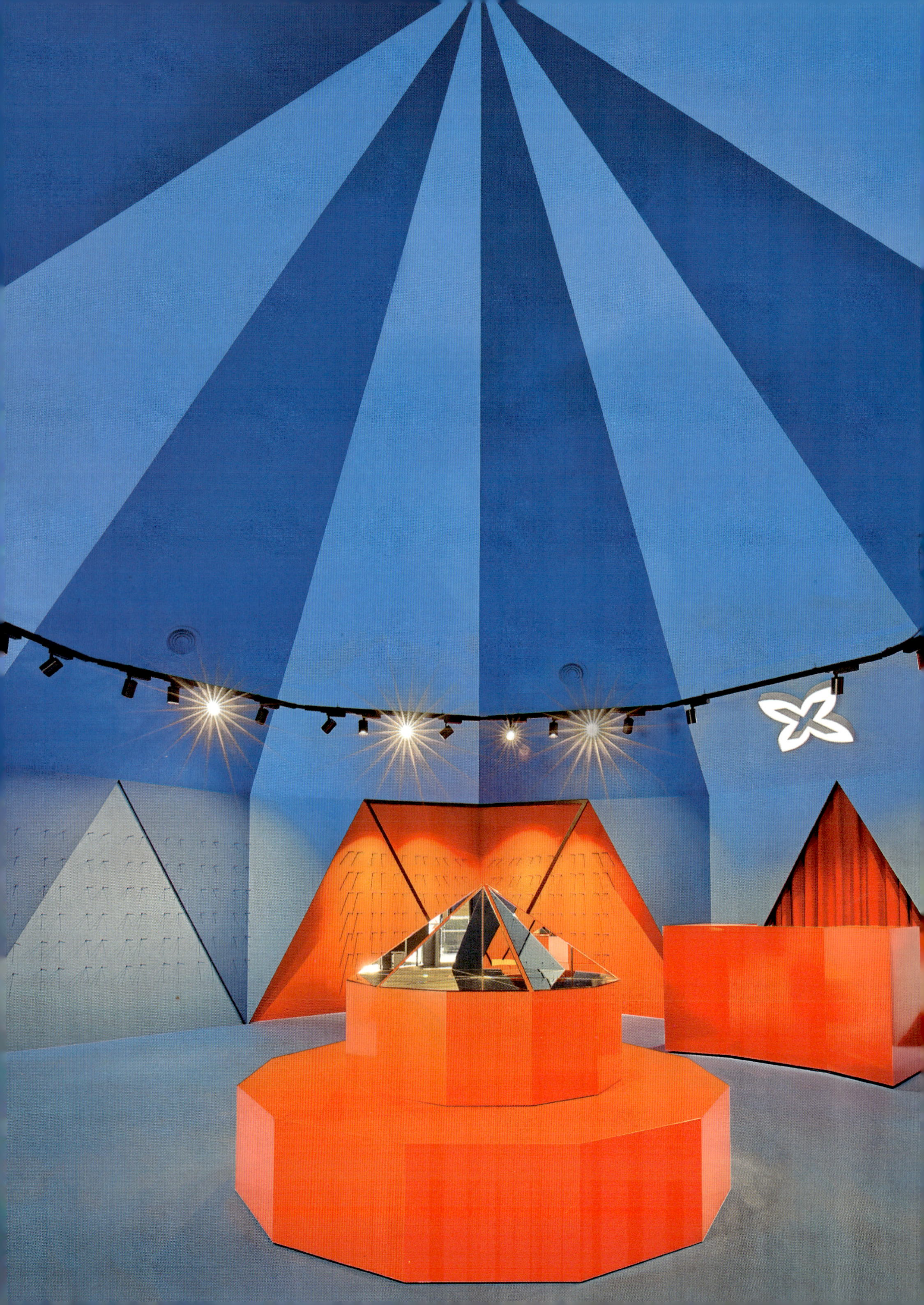

5 . FUTURO E TENDÊNCIAS DO RETAIL DESIGN

Para a renovação desse local cheio de história, que sediaria a loja da Acne Studios, o diretor criativo da marca, Jonny Johansson, escolheu o estúdio de arquitetura com sede em Barcelona, chamado Arquitectura-G.

O estúdio optou por manter a estrutura original de mármore do edifício e usou isso como ponto de partida e conceito do projeto. Colunas dóricas foram replicadas no espaço, ladrilhos de mármore e paredes pintadas imitando a textura de mármore desfecham esse cenário inspirado em um bunker antigo.

A loja oferece a linha completa de roupas masculinas e femininas, acessórios, bolsas, sapatos e joalheria, além de uma coleção limitada que Johansson nomeou de Síndrome de Estocolmo, em alusão ao roubo histórico ocorrido naquele local.

MUNICH BY STUDIO ANIMAL
Madri, Espanha

O projeto para a marca Munich foi chamado de Tenda pelo Studio Animal. Munich é uma marca espanhola de calçados esportivos, conhecida por ser uma das mais criativas e inovadoras do mercado, sendo uma loja sempre diferente da outra.

O estúdio de design, que possui sede tanto em Barcelona como em Madri, é especializado em design de interiores e projetos de arquitetura efêmera. A base dos seus projetos é redefinir espaços e atmosferas não habitados, criando ambientes únicos, criativos e inovadores, desde o simples design de objetos até espaços em grande escala.

O uso da geometria e da cor foi a principal estratégia ao criar o espaço, com adição de muito humor. O projeto Tent é visivelmente inspirado na tenda de um circo, por sua forma e sua cúpula feita a partir de triângulos pontiagudos. O espaço é completamente simétrico, facetado e geométrico. A criação de doze paredes piramidais delimita o espaço e molda expositores para os sapatos e acessórios da marca, preenchendo um espaço de 10 m². Os triângulos são diferenciados por cores e variados usos. Por exemplo, duas esquinas vermelhas são dedicadas a produtos com descontos especiais; dois nichos são feitos para expor bolsas e acessórios; e outros dois compõem a entrada da loja. Já no centro dela, um móvel como peça central expõe os últimos lançamentos da marca.

Completamente conceitual e provido de storytelling, a nova tenda da Munich, em Madri, é uma manifestação de autenticidade, pois apresenta seus produtos para os clientes de um modo impactante e criativo, diferentemente de uma prateleira de loja comum.

ESTÚDIO: STUDIO ANIMAL
SITE: STUDIOANIMAL.ES
MARCA: MUNICH
FOTO: JOSÉ HEVIA

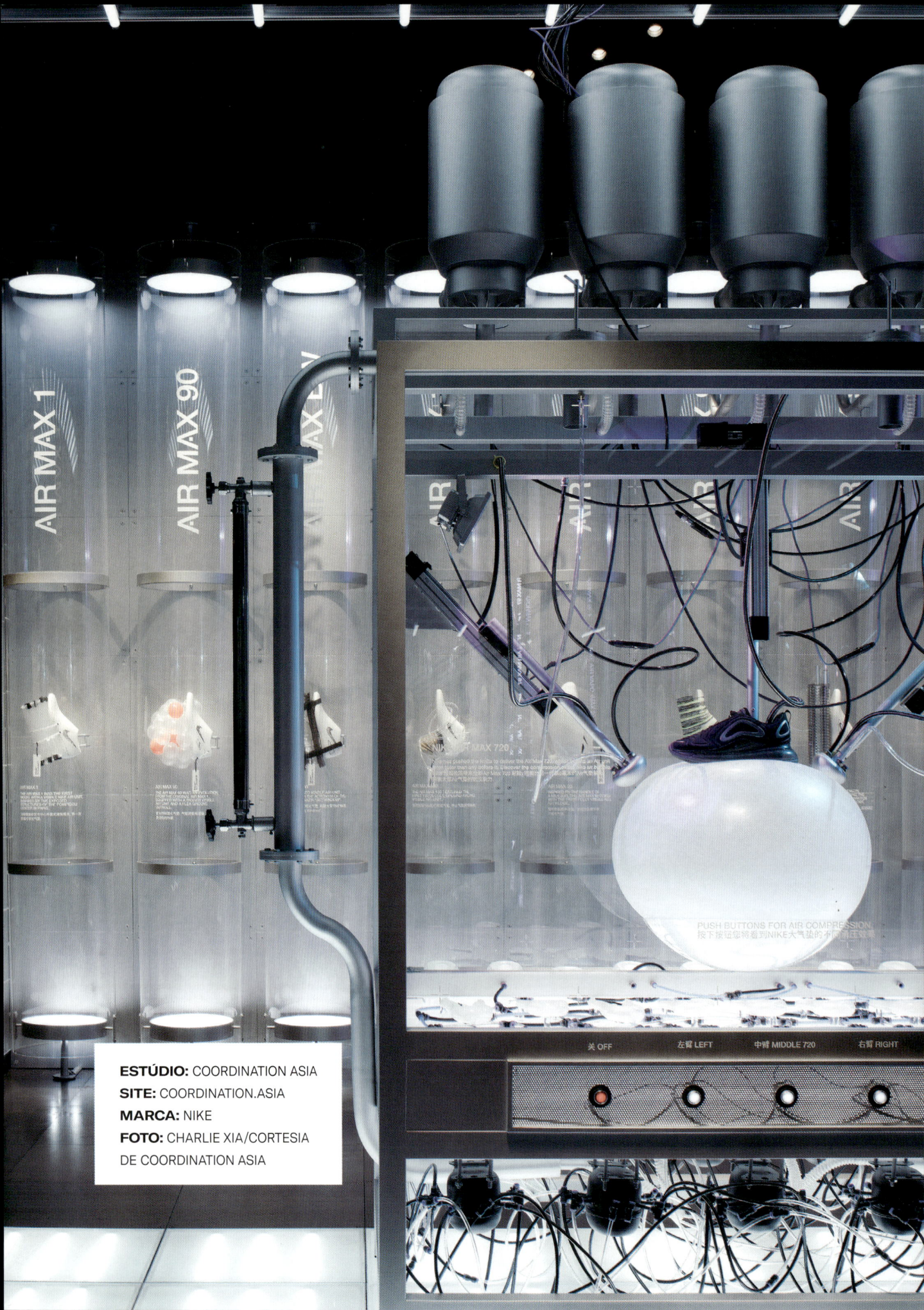

ESTÚDIO: COORDINATION ASIA
SITE: COORDINATION.ASIA
MARCA: NIKE
FOTO: CHARLIE XIA/CORTESIA DE COORDINATION ASIA

5 . FUTURO E TENDÊNCIAS DO RETAIL DESIGN

NIKE HOUSE OF INNOVATION IN-STORE INSTALLATIONS BY COORDINATION ASIA
Xangai, China

Para o lançamento do Air Max, o estúdio Coordination Asia ajudou a Nike a criar uma instalação interativa com o conceito de laboratório em Xangai, na China.

A Nike House of Innovation traz para os consumidores maneiras interativas de vivenciar a "sensação do ar" e acompanhar o processo de inovação e criação do icônico tênis da marca. Vários cantinhos "instagramáveis" também fazem parte do ambiente para os visitantes capturarem momentos memoráveis.

Uma grande sola do Air Max 720 flutua no ar, logo na entrada do espaço. Elementos de acrílico e plástico, tubos expostos e pedaços de máquinas de metal transportam os clientes para um mundo de laboratório, gerando uma história completa ao redor da Nike.

A ideia é fazer uma viagem pelo processo de criação e desenvolvimento do produto. Através de instalações interativas, os consumidores exploram e se divertem, fixando a marca em sua memória.

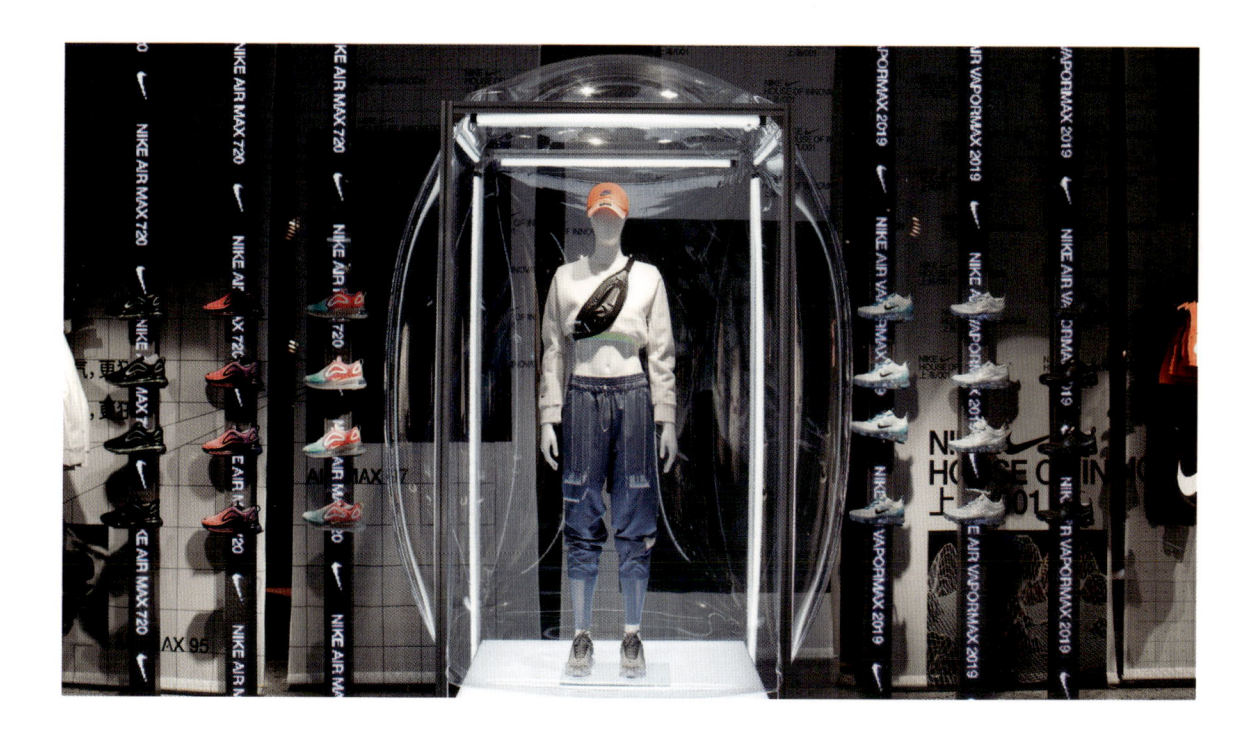

RETAIL DESIGN HUB

EXPERIÊNCIA

Antigamente, localização era o ponto-chave de uma loja, mas hoje a experiência que existe dentro dela é muito mais importante que todos os outros fatores. Deve-se oferecer aos consumidores uma razão para ir até a loja e não simplesmente comprar on-line com um clique. Um exemplo disso é a United Cycling, projetada pelo Johannes Torpe Studio, localizada em uma pequena vila na Dinamarca. Os consumidores se deslocam até lá porque a loja oferece uma experiência extra para os amantes do ciclismo. Consequentemente, 60% das pessoas que entram compram algum item.

Consumidores de hoje estão cada vez mais sofisticados, procurando marcas que criem uma verdadeira conexão entre eles e tudo o que elas podem lhes oferecer. Não buscam somente produtos e serviços; buscam compartilhar conhecimento e viver experiências memoráveis. Devemos nos perguntar o que os clientes querem vivenciar dentro do espaço, e não o que eles querem comprar. São essas experiências emocionais que sustentam as marcas no varejo atual.

Não é suficiente ter apenas uma marca com grande nome mundial. Para captar a atenção da nova geração de consumidores, as marcas devem ser muito mais inteligentes, oferecendo seu DNA de maneira experimental e criativa.

> **A loja se transforma de coadjuvante a grande protagonista do varejo; oferece de transação de troca a relação de empatia. Em vez de uma mera vitrine expositiva com prateleiras, é o palco para um espetáculo de vivência e lifestyle.**

UNITED CYCLING BY JOHANNES TORPE
Lynge, Dinamarca

A ideia do estúdio Johannes Torpe foi criar a estética de um "laboratório futurístico" para a loja da United Cycling, em uma cidadezinha perto de Copenhague, na Dinamarca.

Anteriormente, o local era usado somente como armazém da marca, que é distribuidora de bicicletas de alta performance para ciclistas e atletas profissionais. O objetivo era transformar o armazém de 1.650 m² em um espaço inspirador para os consumidores e sediar a marca United Cycling.

O design de interiores foi concebido com o intuito de encorajar os clientes a examinar, tocar e admirar as bicicletas. Para isso, o estúdio optou por expor os produtos separadamente, como peças únicas e exclusivas.

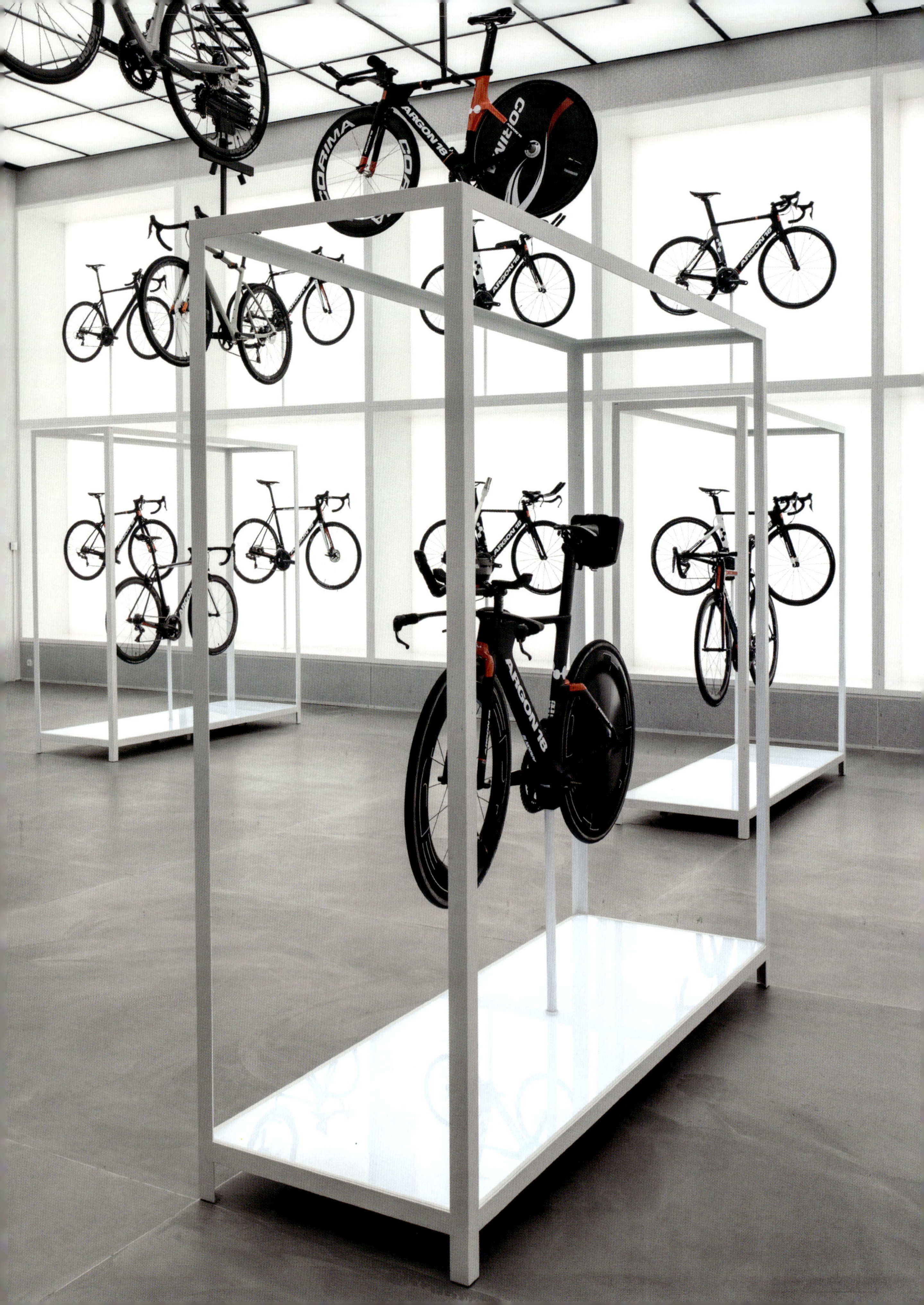
ARGON 18
CORIMA
ARGON 18

5 . FUTURO E TENDÊNCIAS DO RETAIL DESIGN

Dividiu a grande parede de 6 m de altura em oito expositores iluminados, cada um deles ressaltando a beleza e o mecanismo das bicicletas. Também projetou displays em cubos, como se fossem esculturas em um museu.

O sucesso da loja foi tanto que após um ano de sua abertura o número de visitantes continua crescendo, sendo que 60% dos clientes que vão até lá saem com alguma compra. Isso mostra que, independentemente da localização, o êxito de um retail design é a experiência.

ESTÚDIO: JOHANNES TORPE
SITE: JOHANNESTORPE.COM
MARCA: UNITED CYCLING
FOTO: ALASTAIR PHILIP WIPER

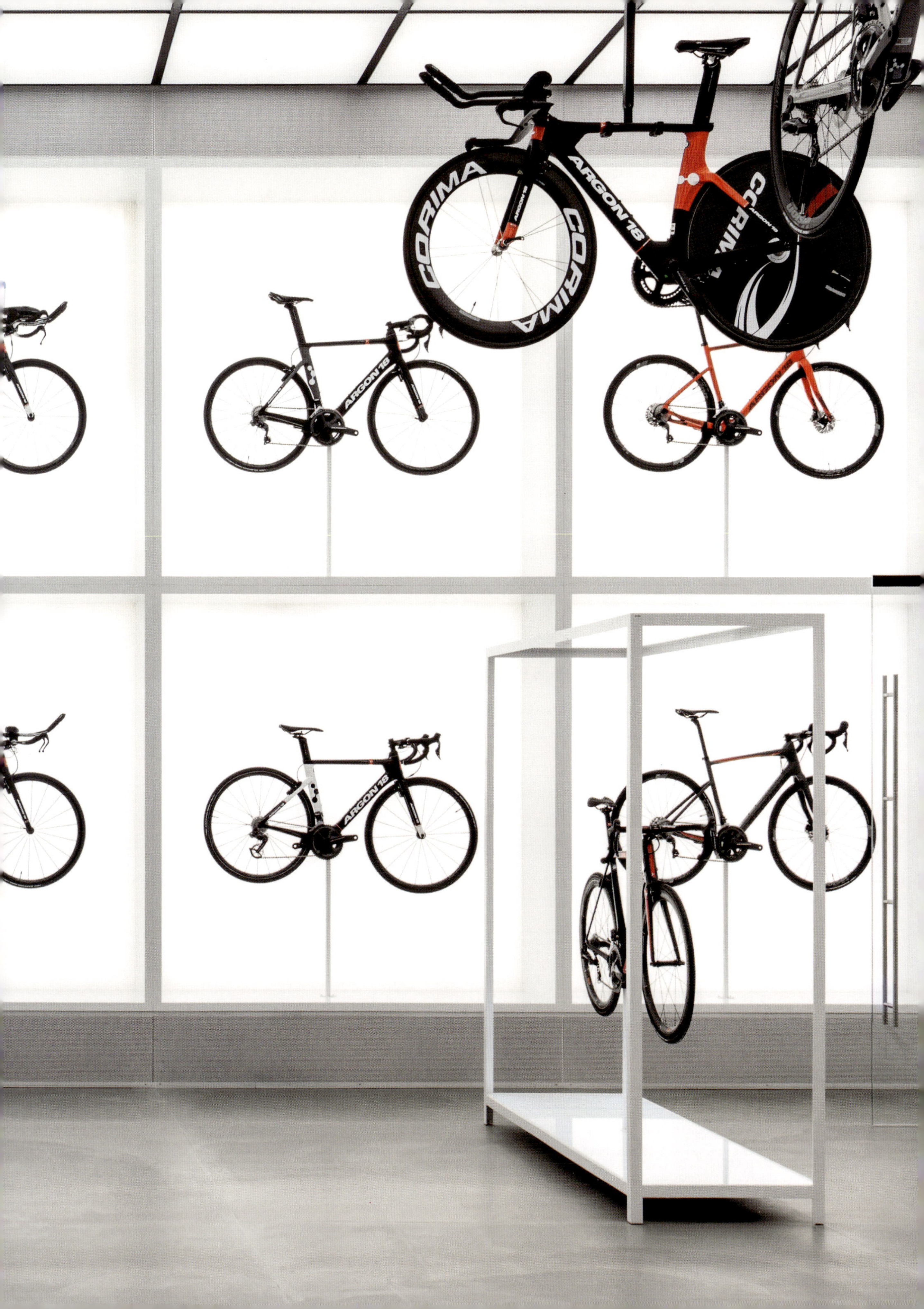
CORIMA
CORIMA
ARGON 18
CORIMA
ARGON 18
ARGON 18

THE NORTH FACE BASECAMP
BY COORDINATION ASIA
Chongli, China

O estúdio Coordination Asia criou um superconceito de retail design para a marca The North Face dentro do resort de esqui Genting Secret Garden, em Chongli, na China. O objetivo do espaço, muito além de apenas vender, era trazer atividades para engajar os visitantes e consumidores, conectando-os com o meio ambiente através de atividades nas montanhas.

Os esquiadores que entram no edifício, vindos da estação de esqui, claramente reconhecem a grande logo da The North Face iluminada. Todos os detalhes da loja possuem consistência com os códigos da marca. Por exemplo, a parede feita em blocos de madeira representa o formato do ícone The North Face, criando uma textura na parede, de modo que o visual merchandising evoca o espírito aventureiro das montanhas.

No canto direito da loja há uma mesa alta com bancos, onde os clientes podem relaxar, tomar uma bebida quente e compartilhar suas histórias de aventuras pelas montanhas com os amigos.

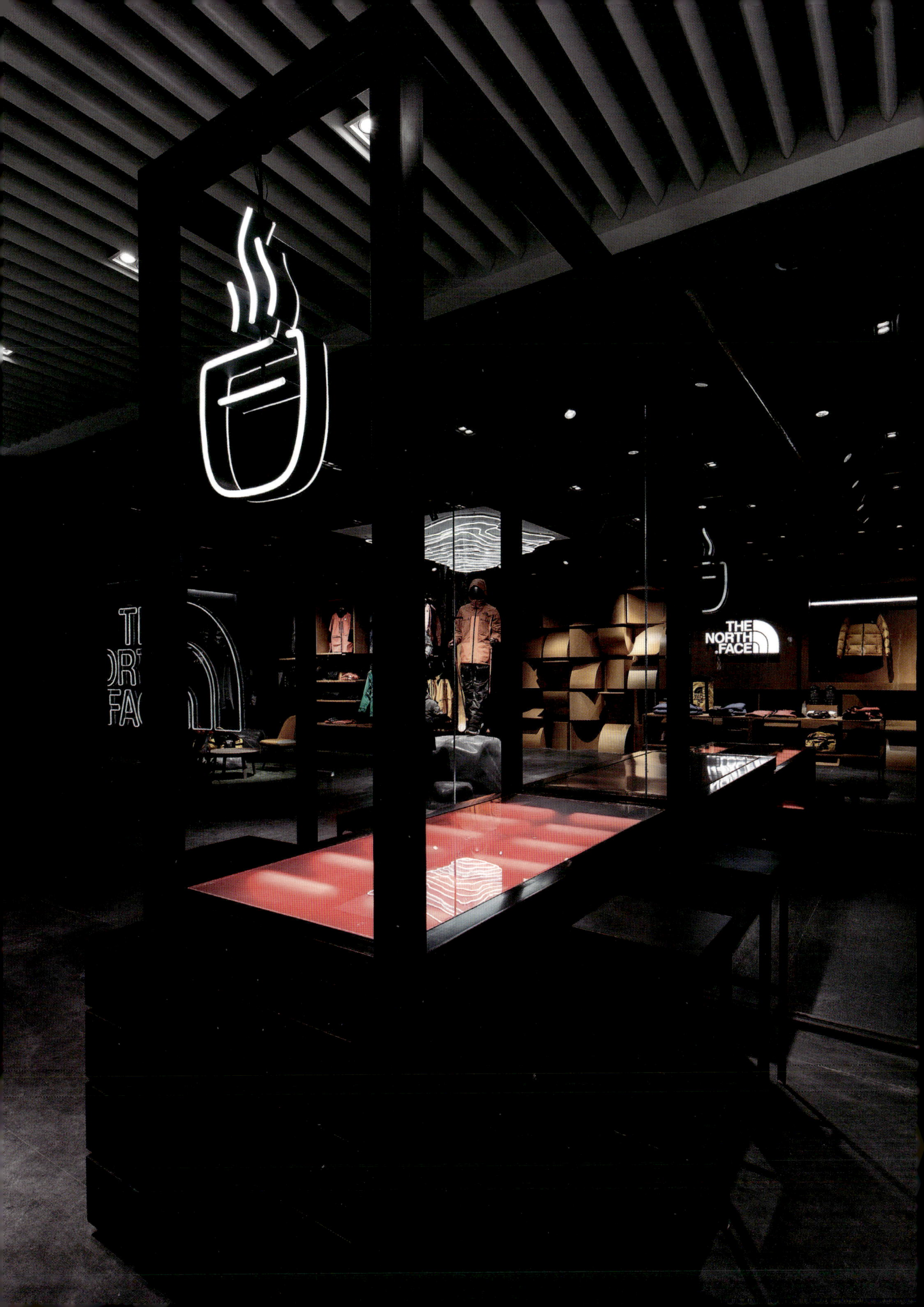
THE
NORTH
FACE

RETAIL
DESIGN
HUB

ESTÚDIO: COORDINATION ASIA
SITE: COORDINATION.ASIA
MARCA: THE NORTH FACE
FOTO: CHARLIE XIA/CORTESIA DE COORDINATION ASIA

5 . FUTURO E TENDÊNCIAS DO RETAIL DESIGN

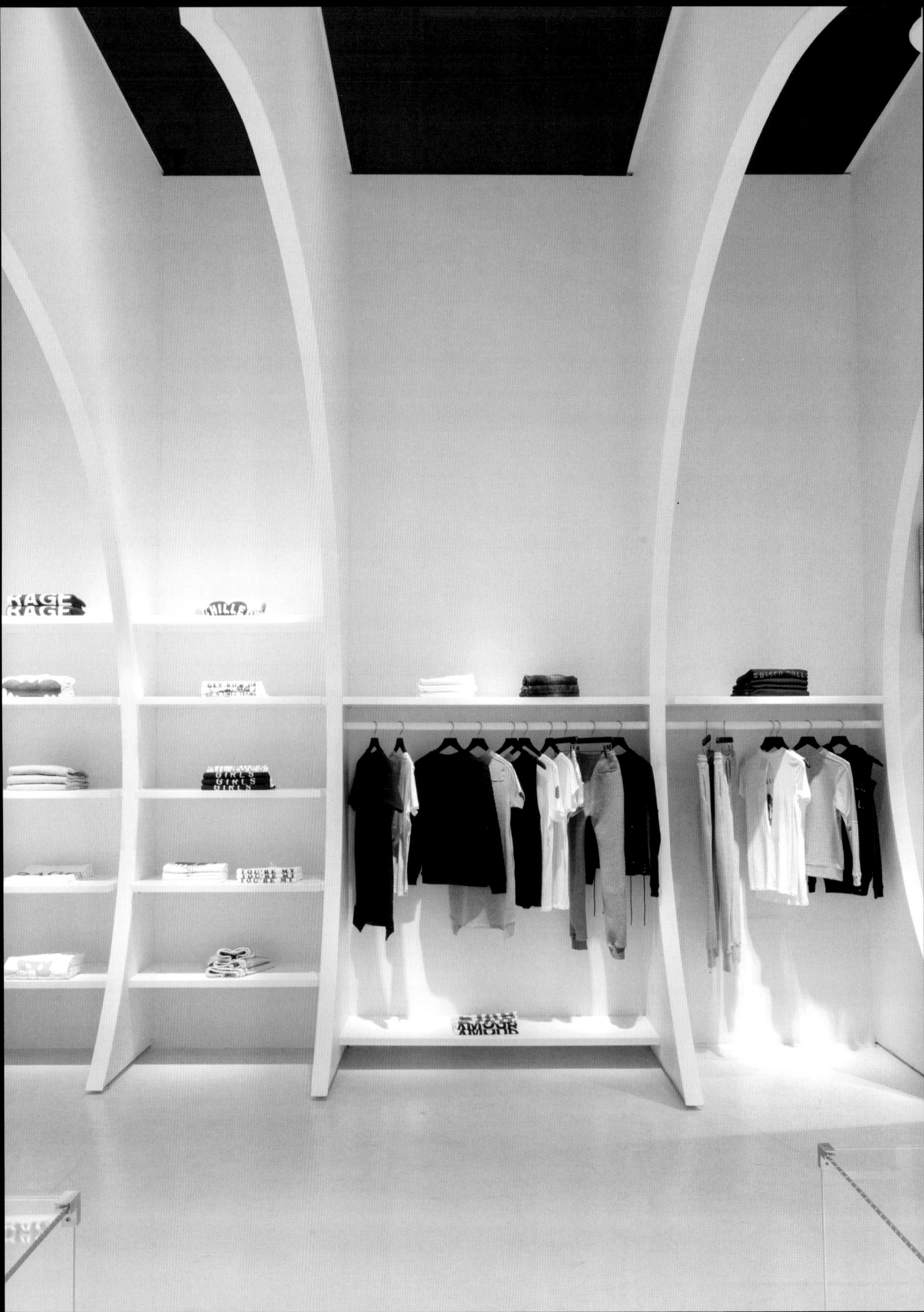
RAGE
RAGE
GIRLS
GIRLS
YOU'RE MY
YOU'RE MY
YOU'RE MY

5 . FUTURO E TENDÊNCIAS DO RETAIL DESIGN

IN-SIGHT CONCEPT STORE BY OHLAB
Miami, Estados Unidos

Dentro do shopping Brickell City Centre, em Miami, a loja In-Sight é um desses espaços que despertam a curiosidade por seu design único e criativo. Assinada pelo estúdio Ohlab, a proposta para a loja era criar uma experiência imersiva; um passeio pelo espírito da marca In-Sight.

O ponto de partida do projeto foi a própria logomarca da loja: duas circunferências que se conectam. A equipe da OhLab criou o design de interiores a partir da extrusão e da rotação da logo: são 24 painéis que formam a composição volumétrica pela extensão da loja. Ao final dela, uma impressão gráfica faz a ilusão de que os painéis continuam infinitamente. O espaço vazio entre os painéis possibilita diferentes composições de visual merchandising, expondo roupas e acessórios que a In-Sight oferece (marcas próprias e multimarcas exclusivas).

O retail design da loja possibilita que o cliente vivencie em três dimensões o lifestyle e o conceito da marca, através de uma experiência de compras divertida e memorável.

ESTÚDIO: OHLAB
SITE: OHLAB.NET
MARCA: IN-SIGHT
FOTO: PATRICIA PARINEJAD

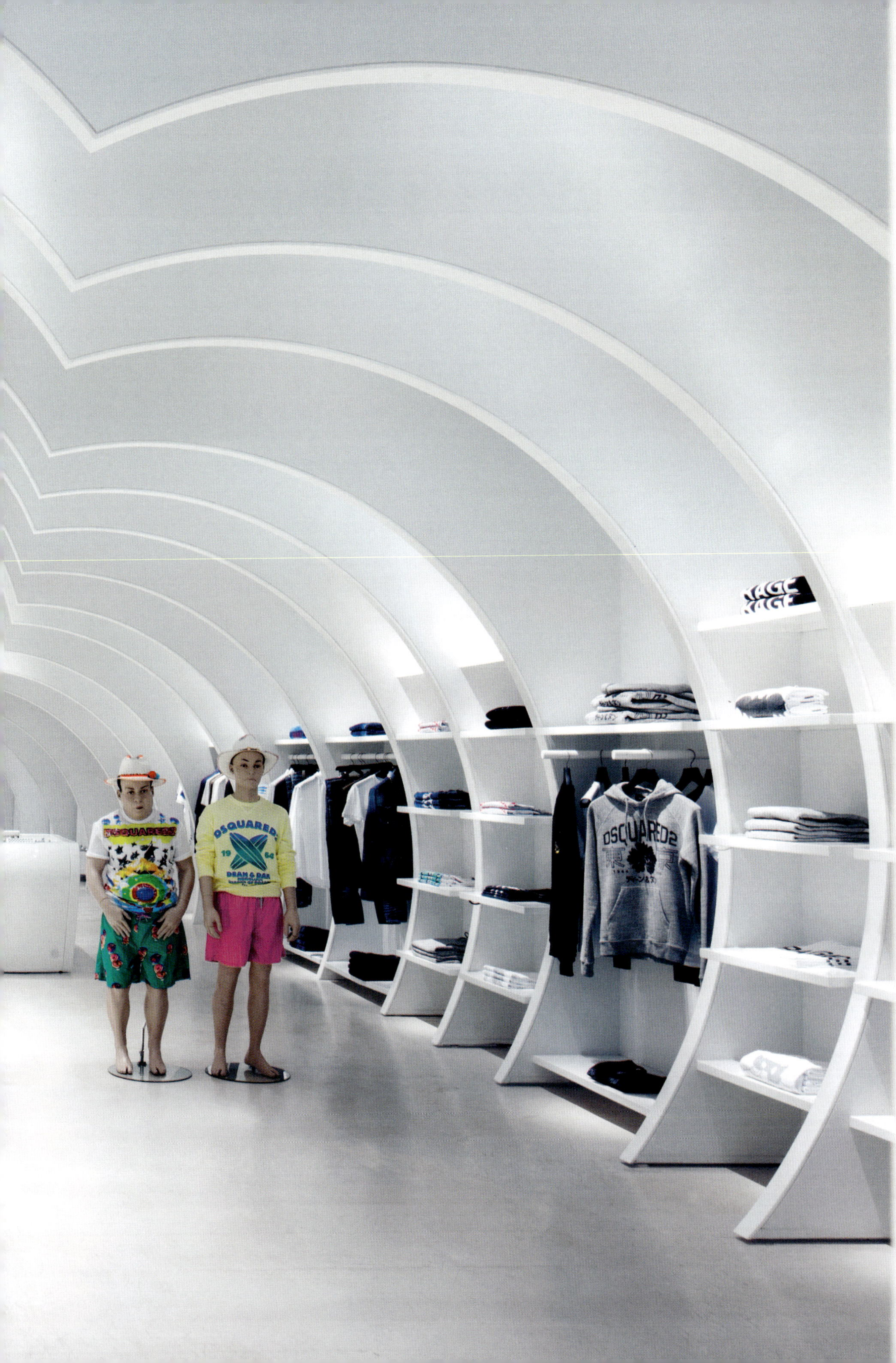
DSQUARED2

OMNICHANNEL

A era digital é uma realidade hoje em dia. O e-commerce veio para poupar o tempo das pessoas, possibilitando comprar um produto com apenas um clique, sentado no sofá de casa. Com essa revolução no varejo, barreiras foram reduzidas para o ato da compra. Mas não significa que essa seja a solução final.

Seres humanos ainda buscam interações físicas e viver experiências memoráveis. De acordo com a Mintel, em uma pesquisa feita na China, 45% dos consumidores gostam de visitar as lojas mesmo sem intenção de comprar, apenas para se divertir. As compras on-line e off-line eram vistas como rivais e não como complementares, anteriormente.

Omnichannel é o termo definido pela combinação dessas diversas plataformas físicas e digitais, a fim de reforçar a experiência dos usuários. Em vez de trabalharem paralelamente, todos os canais de comunicação se intercalam, sendo mais eficazes para atingir o consumidor.

Uma marca influente atinge seu público por meio de loja, site, mídias sociais, telefone, aplicativos e quaisquer outros canais que possam ser um conector de comunicação e venda.

A tecnologia sozinha não é o essencial para o retail design. Ela somente é válida quando ajuda e facilita as compras e o engajamento com a marca, seja através de aplicativos, e-commerce ou gadgets. Ainda assim, as pessoas buscam viver experiências reais também.

A expressão phygital (physical + digital) vem sendo muito utilizada. Significa a combinação do mundo real com o virtual; a junção de objetos físicos com plataformas digitais; a tecnologia mesclando-se com o ambiente físico; o on-line e o off-line com um mesmo objetivo.

Na indústria do varejo, vemos uma constante imersão desses dois universos a fim de atingir os consumidores por todos os canais e ambientes possíveis nos quais eles possam passar seu tempo livre. Podemos provar uma roupa em uma loja física e depois comprá-la pela internet, ou comprar pela internet e depois trocá-la em uma loja física. A inter-

5 . FUTURO E TENDÊNCIAS DO RETAIL DESIGN

combinação dessas duas experiências é o segredo para o retail design. Estudos apontam que compradores phygital gastam até três vezes mais.

Um exemplo dessa conexão entre o virtual e o real é o virtual fitting room da Zara. Uma tela touch screen dentro dos provadores de roupas possibilita que os clientes procurem um complemento para a peça que estão provando ou peçam outra cor e tamanho de modelagem. A tecnologia detecta imediatamente qual roupa o consumidor levou ao provador e o auxilia virtualmente na prova da roupa.

É preciso dar forma à tecnologia. O movimento on-line não deve ser ignorado, nem mesmo deixar de investir em experiências físicas. Plataformas digitais não sobrevivem sem ações físicas, assim como lojas físicas não sobrevivem sem plataformas digitais. Cada vez mais convivem juntas, harmoniosamente.

HIPANDA BY CURIOSITY
Tóquio, Japão

A Hipanda abriu a sua primeira flagship store em Omotesano, em Tóquio, e desde a sua abertura virou um fenômeno. É uma jornada futurística na qual o mundo digital se mescla com o espaço físico, criando uma experiência única e imersiva.

O estúdio Curiosity, que idealizou o conceito e o design da loja, usa tecnologia de realidade e experiência aumentadas, combinada a um icônico design de interiores. O nome dado à loja foi "Casa fantasma", porque os clientes procuram por todas as partes da loja o ícone da marca, que é um panda, através de diferentes tecnologias, vivenciando diferentes experiências e interatividade. Essa experiência começa já na fachada da loja, na qual a logomarca possui efeitos visuais de animação.

O desafio do Curiosity foi trazer territórios tecnológicos para dentro da arquitetura, providenciando uma experiência acessível, inspiradora e instigante para os clientes que entram na loja.

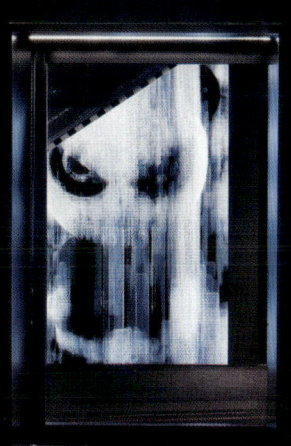

ESTÚDIO: CURIOSITY
SITE: CURIOSITY.JP
MARCA: HIPANDA
FOTO: SATOSHI SHIGETA

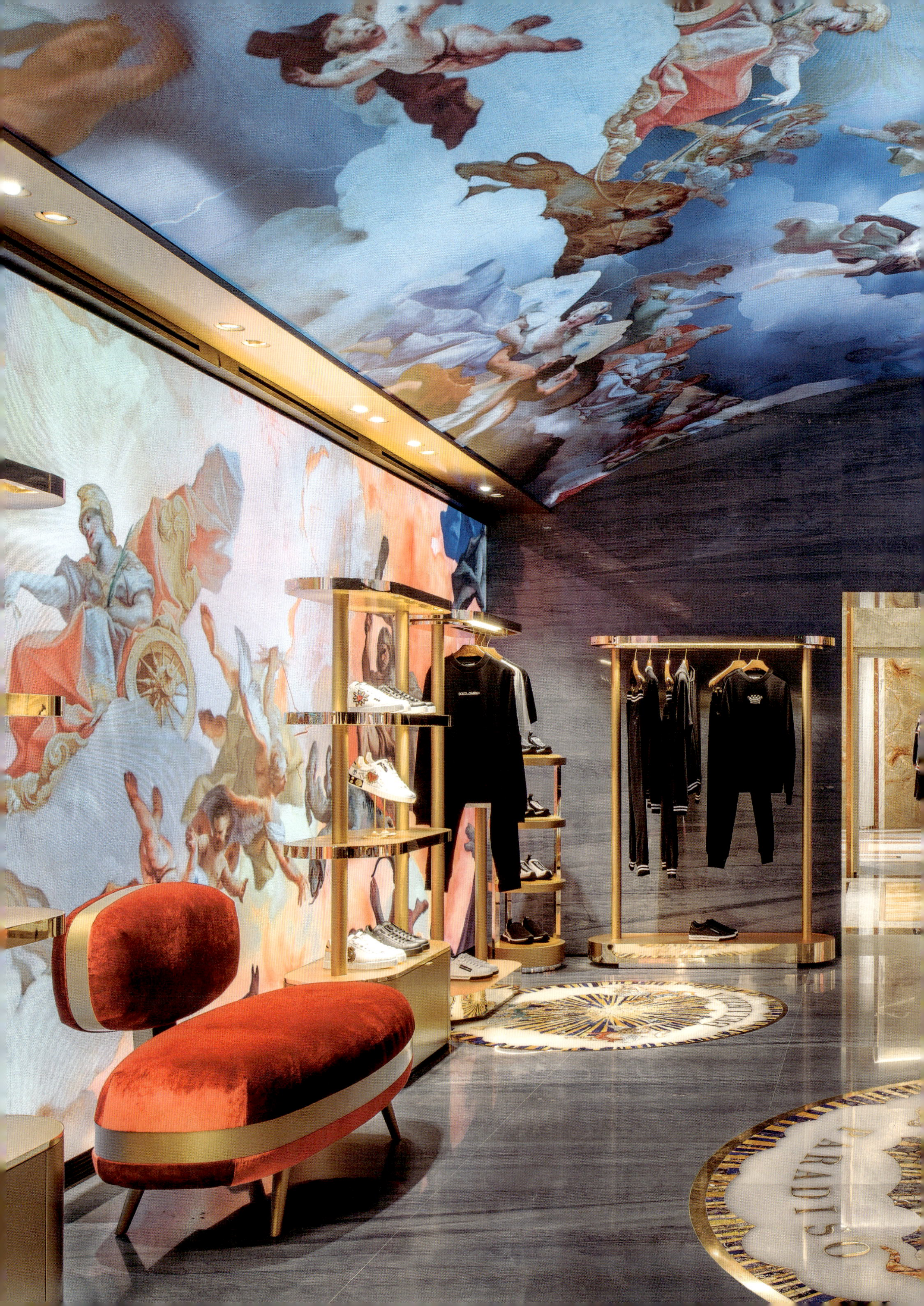

ESTÚDIO: CARBONDALE
SITE: CBDARCH.COM
MARCA: DOLCE & GABBANA
FOTO: CORTESIA DE CARBONDALE

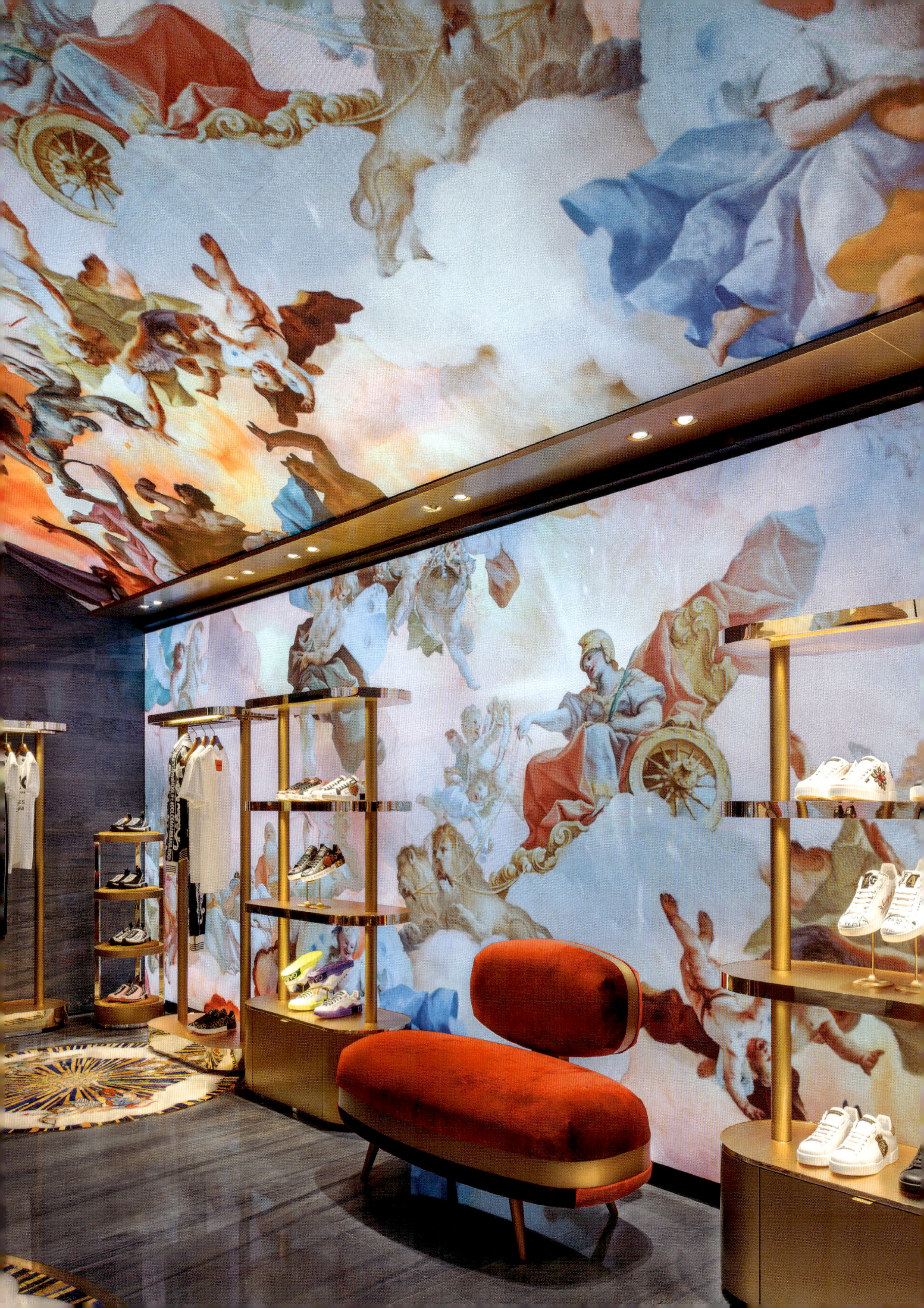

5 . FUTURO E TENDÊNCIAS DO RETAIL DESIGN

DOLCE & GABBANA BY CARBONDALE
Roma, Itália

A loja de 800 m² da Dolce & Gabbana, em Roma, é um exemplo a ser seguido nos quesitos conteúdo digital e experiência de marca. Foi uma colaboração entre Domenico Dolce e Stefano Gabbana e o estúdio de arquitetura Carbondale.

O projeto foi inspirado pela própria cidade de Roma e por sua arquitetura histórica, além de ser fiel aos códigos e às origens da marca. A Dolce & Gabbana, que respira o espírito italiano, não poderia ser mais bem representada por esta loja em Roma.

O destaque do projeto vai para a "Galeria digital" no segundo andar da loja, inspirada pela Capela Sistina, no Vaticano. Através de uma meia cúpula (que refletida sobre um espelho traz a sensação de ser um arco completo), passam imagens digitais de um afresco feito de céu e anjos em movimento. É a versão contemporânea e tecnológica da arquitetura e da arte barroca, trazendo mais storytelling e tecnologia integrada para o espaço físico.

SNEAKERBOY BY MARCH STUDIO
Sydney, Austrália

O March Studio acredita que a experiência de compra mudou muito nos últimos anos. Compras em ruas principais nas cidades vêm sendo substituídas pelas compras on-line. Porém a experiência de tocar, testar e cheirar um objeto nunca será substituída pelo boom digital. Com base nisso, a equipe de designers e arquitetos do estúdio, que possui sede na Austrália, trouxe um conceito revolucionário, totalmente omnichannel, para a marca Sneakerboy.

A loja é como se fosse um e-commerce físico. Não há estoque, nem caixa para pagamento. Os clientes podem testar os produtos lá, mas receberão sua compra em casa. Eles compram através de iPads acoplados às cadeiras da loja, ou através do seu próprio smartphone.

O design do espaço é inspirado no futurismo retrô das estações de metrô de Nova York. Grandes prateleiras lineares com telas de LED servem de displays para os tênis, além de trazerem avisos sobre os produtos nas telas (se algum modelo está esgotado ou um feedback de clientes que acabam de postar nas redes sociais, por exemplo). Esses expositores ampliam a experiência omnichannel com mais tecnologia e elementos digitais.

5 . FUTURO E TENDÊNCIAS DO RETAIL DESIGN

RETAIL DESIGN HUB

ESTÚDIO: MARCH STUDIO
SITE: MARCH.STUDIO
MARCA: SNEAKERBOY
FOTO: ROSS HONEYSETT

5 . FUTURO E TENDÊNCIAS DO RETAIL DESIGN

ROTATIVIDADE

Rotatividade é estar em todos os lugares e atingir o consumidor nos ambientes mais inusitados, que fazem parte do seu dia a dia.

As marcas não podem esperar seus clientes irem até elas. Devem buscá-los em suas zonas de conforto — lugares em que confiam, que conhecem e estão acostumados a frequentar. Essa atitude cria conexões muito mais fortes e encoraja os consumidores a participar, em vez de apenas comprar, visto que se sentem motivados e conectados aos valores da marca, que acaba, consequentemente, ganhando sua lealdade.

Pop-up stores, desfiles, exposições de arte e máquinas de venda são exemplos de rotatividade no retail design. Todo e qualquer tipo de espaço e ação fora do ambiente comum do varejo é valido para atingir o público-alvo. Podem-se citar as marcas esportivas que convidam seus consumidores a viver aventuras reais em ambientes dinâmicos e cheios de adrenalina. A loja da Supreme, em Nova York, por exemplo, foi montada dentro de um galpão abandonado no Brooklyn, com uma grande pista de skate para os usuários se divertirem e usufruírem do espaço como lazer.

Outro exemplo de rotatividade é criar alianças com outros segmentos, como hotelaria, turismo e gastronomia. Colocar a marca em diferentes cenários é mostrar para o consumidor tudo o que ela pode oferecer; é trazê-los para dentro do lifestyle da marca.

Quando o retail design mescla-se com galeria de arte, livraria, café e hotel, os consumidores são encontrados nesses ambientes e assumem seus diferentes cenários e contextos narrativos, criando uma conexão emocional com a marca — como a Gucci, que além da loja em Los Angeles apresenta um restaurante ao lado, o Gucci Osteria.

Diversificar o retail é uma ação que fixa na mente do consumidor de um modo autêntico e intenso. Trazer novos elementos e conteúdos para o storytelling das marcas faz com que os usuários criem uma relação mais forte com elas, o que ao final se transforma em vendas espontaneamente.

Experiência de compra e marca são mais memoráveis quando vividas através de outros ambientes também.

5 . FUTURO E TENDÊNCIAS DO RETAIL DESIGN

MARCA: GUCCI
SITE: GUCCI.COM
FOTO: CORTESIA DE PABLO ENRIQUEZ PARA GUCCI

GUCCI OSTERIA
Los Angeles, Estados Unidos

No início de 2020, a Gucci surpreendeu mais uma vez seus clientes ao anunciar a renovação e a expansão de sua flagship store em Beverly Hills, na Califórnia, incluindo um restaurante italiano anexo: o Gucci Osteria.

O restaurante é gerenciado pelo renomado Massimo Bottura, um chef com três estrelas Michelin. Essa parceria é um win-win tanto para o chef como para o restaurante da marca, já que ambos estreiam nos Estados Unidos. A colaboração entre Massimo Bottura e Gucci começou em 2018, com a Gucci Osteria em Florença, celebrando a amizade entre o CEO da marca, Marco Bizzarri, com o prestigiado chef, além de memorar esse forte apelo da cultura italiana: moda e gastronomia.

O menu do restaurante é completamente italiano e inclui o famoso "Tortellini com creme de Parmegiano Reggiano" e o "Emilia Burger", que são criações exclusivas de Bottura. Utilizando produtos orgânicos e de fazendas locais, a Gucci Osteria em Beverly Hills, além de contribuir com os negócios locais, elabora pratos com ingredientes que serão encontrados somente lá. O restaurante acomoda até 50 visitantes, tanto para o almoço como para o jantar, todos os dias da semana.

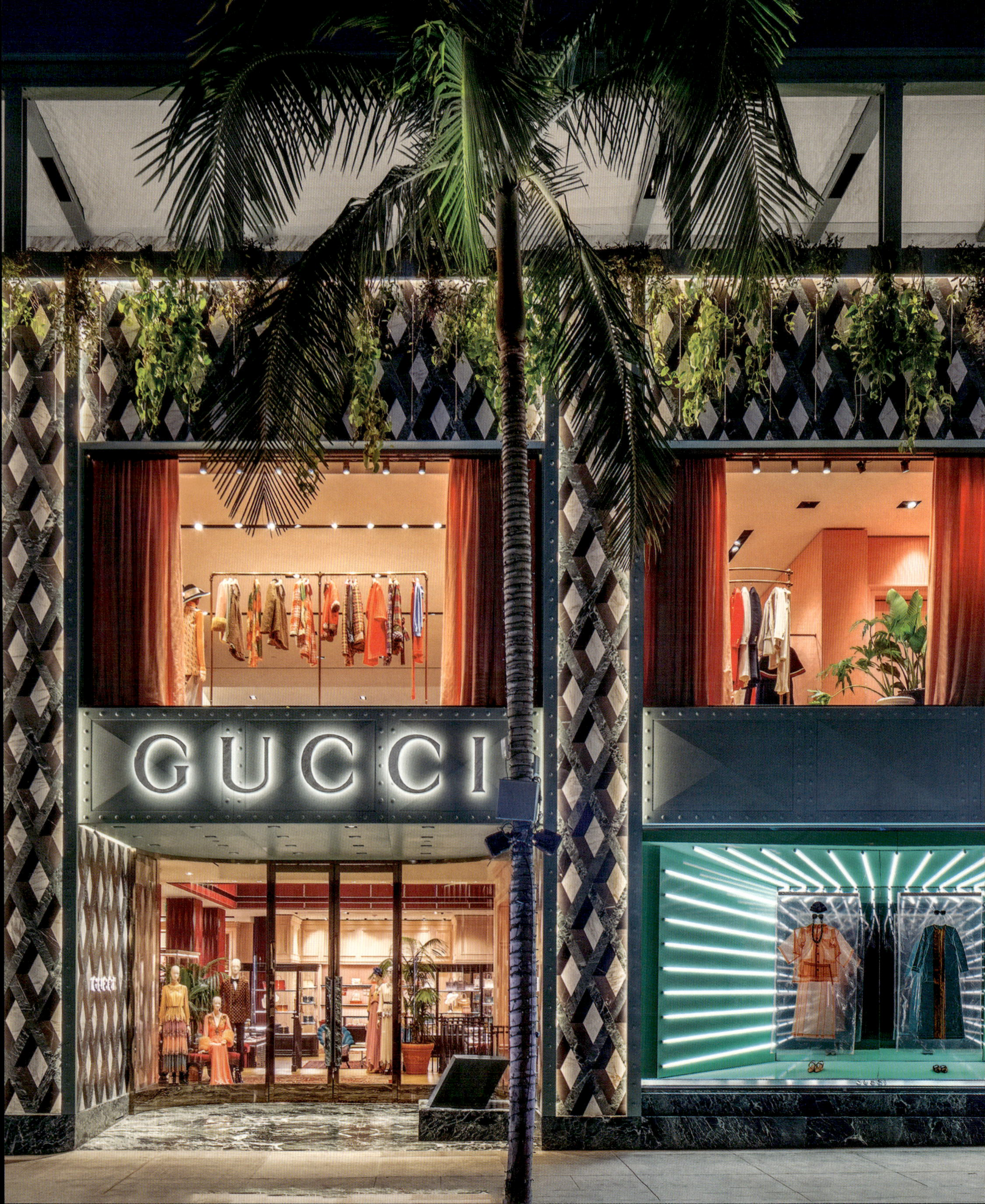
GUCCI

GUCCI
OSTERIA

RETAIL DESIGN HUB

MUJI HOTEL GINZA
Tóquio, Japão

A Muji é uma marca fundada em 1980, no Japão, que oferece uma variedade de produtos de boa qualidade, incluindo artigos para casa, alimentos, papelaria e roupas. Muji é a abreviação de Mujirushi Ryohin, que em japonês significa "produtos de qualidade, sem logo". Seus produtos são fabricados por meio de um processo super-racional, além de transmitir uma estética minimalista.

Para aprofundar-se ainda mais nesse lifestyle da marca, a Muji abriu o Muji Hotel, já presente em algumas cidades. Os hotéis apresentam para os visitantes o conceito e a filosofia da marca: um ambiente aconchegante, minimalista e moderno, que oferece uma boa noite de sono aos viajantes que estão longe de casa.

O interior do hotel é decorado com materiais naturais, como pedra e madeira, totalmente em linha com o conceito da marca. O Muji Hotel Ginza conta com 79 quartos tão confortáveis como a nossa própria casa. Alguns dos itens e dispositivos usados no quarto do hotel também podem ser adquiridos na loja da Muji.

5 . FUTURO E TENDÊNCIAS DO RETAIL DESIGN

MARCA: MUJI
SITE: HOTEL.MUJI.COM/EN
FOTO: CORTESIA DE MUJI

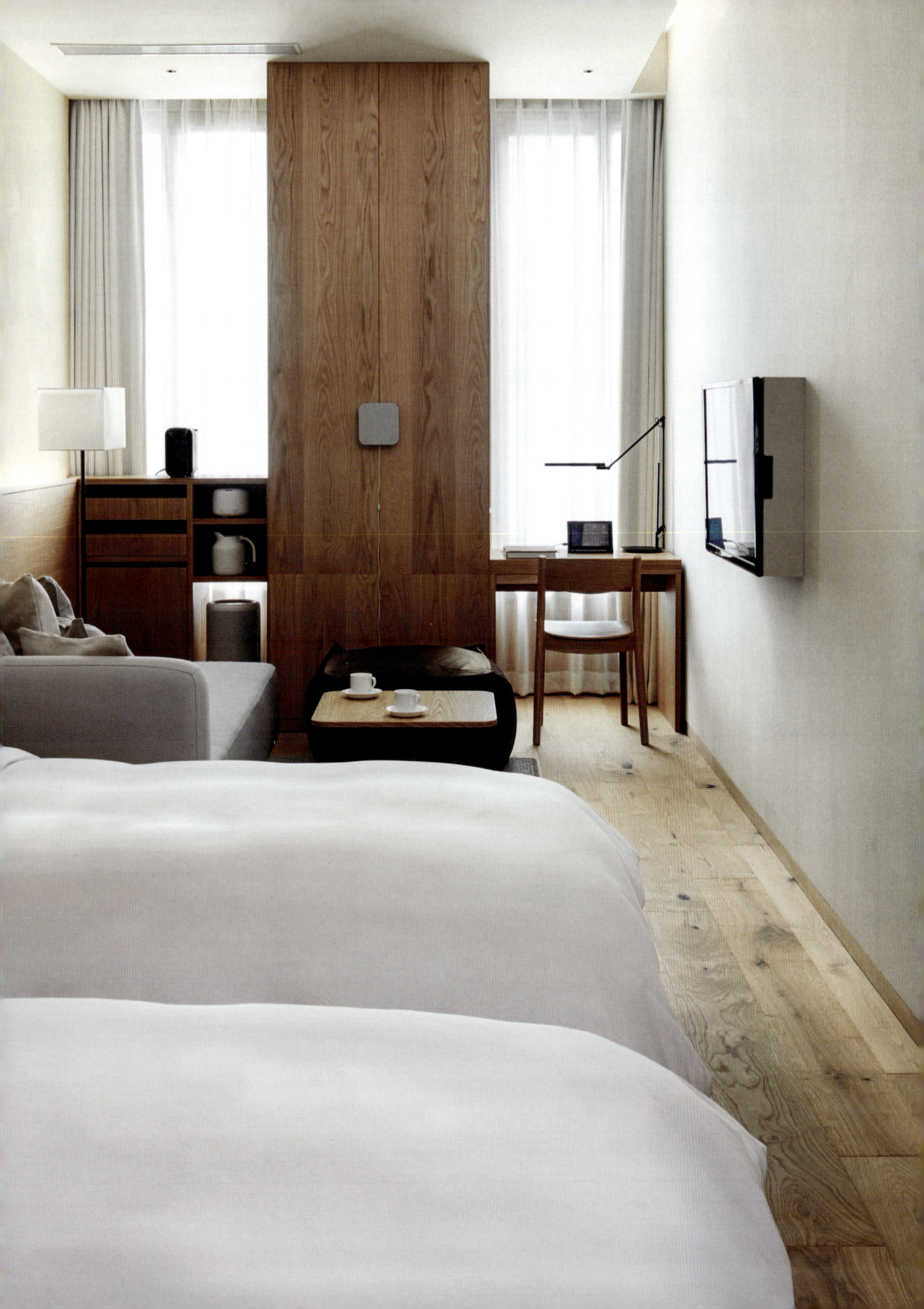

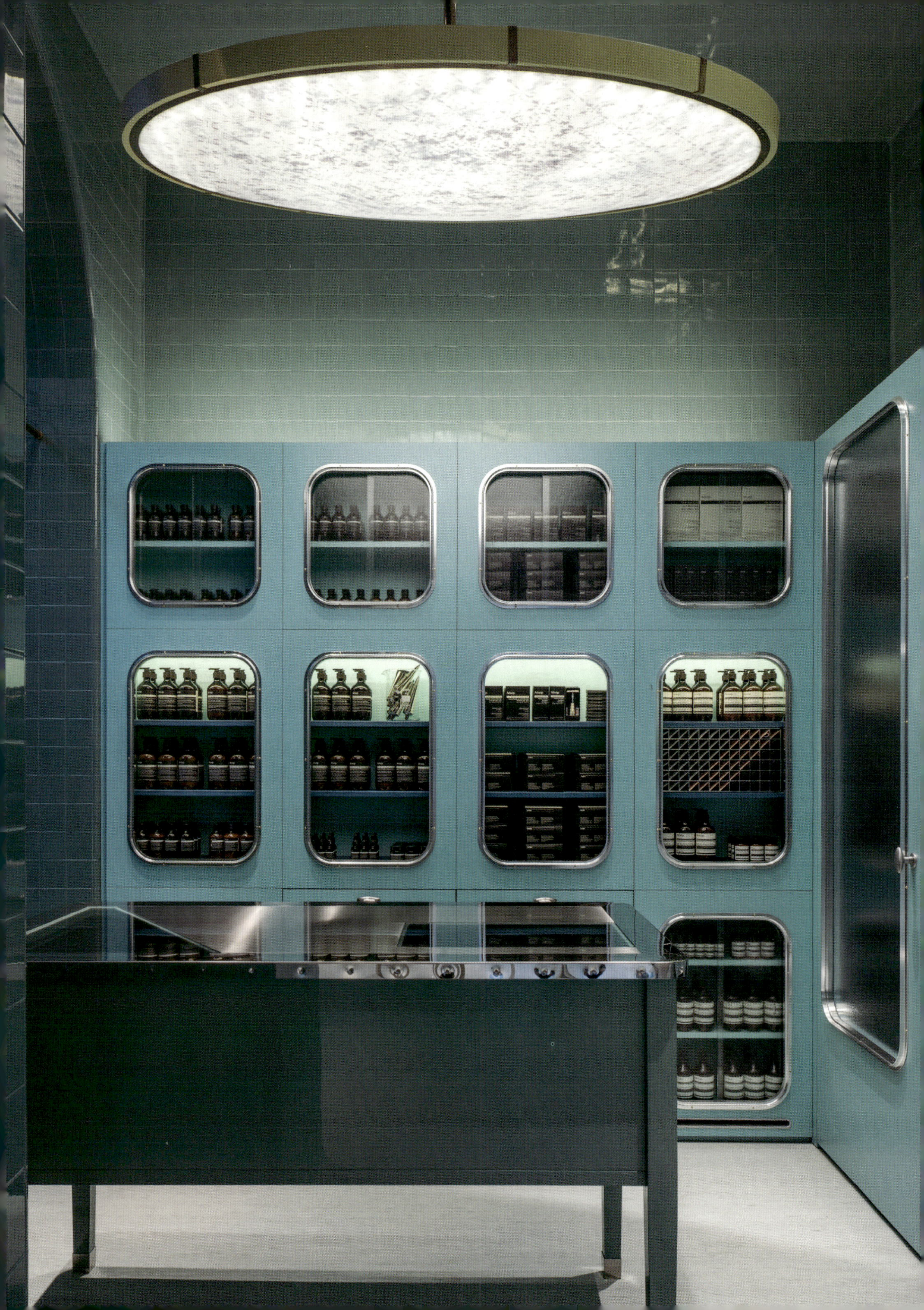

5 . FUTURO E TENDÊNCIAS DO RETAIL DESIGN

ADAPTAÇÃO A DIFERENTES CULTURAS

A industrialização do retail entre os anos 1970 e 2000 trouxe o conceito e a estratégia de escalabilidade: as marcas se expandiam para outros países, replicando sua identidade homogeneamente por todo o mundo. As lojas eram exatamente iguais, fáceis de reproduzir e escalar, independentemente da localização onde eram implementadas.

Hoje em dia esse conceito não é tão adequado para o retail design. Vivemos em um mundo multicultural, que ressalta e enaltece as diferenças entre pessoas e culturas, o que deve ser levado em consideração.

Ao projetar uma loja, é importante manter a essência da marca, porém adaptar e criar uma relação de empatia com a cultura e a comunidade locais. Saber o que essa população almeja, sonha e vivencia, bem como fazer uma imersão e entender a fundo a cultura local, é fundamental para moldar o retail design, criando uma conexão mais forte e emocional com os consumidores locais. Aqui, o público é colocado como foco principal.

Um grande exemplo de nome que aposta nessa diversidade cultural no retail design é a Aesop. A marca de cosméticos mundial procura arquitetos locais para criar um design de interior único, com as raízes culturais do local onde está presente. A loja da Aesop em Milão, projetada pelo Dimorestudio, foi inspirada nos baús e armários usados nas casas das vilas italianas dos anos 1930, enquanto a loja de Kyoto possui o minimalismo e a simplicidade da cultura japonesa.

As marcas devem pensar localmente, trabalhar numa escala menor, criar experiências sociais, bem como iniciativas e interação nas comunidades. Fazer da marca um centro de comunidade, dar oportunidade para os consumidores conectarem-se com outras pessoas com os mesmos interesses que elas, consequentemente reunindo mais potenciais clientes.

É interessante também ver marcas investindo em culturas locais, produzindo conteúdo e produtos diferenciados para essa parte da sociedade. Adaptar-se a diferentes culturas e comunidades sem perder a essência da marca e manter-se fiel ao seu DNA é essencial para criar uma relação de empatia com seu público local.

AESOP BY DIMORESTUDIO
Milão, Itália

Para a loja de 35 m² da Aesop na Corso Magenta, em Milão, o Dimorestudio se inspirou nas despensas de vilas italianas dos anos 1930, trazendo uma versão contemporânea das pequenas butiques de bairro que ainda são muito comuns nessa área de Milão.

Para fazer referência a essa estética do início do século XX, o estúdio optou por usar azulejos brilhantes verde-turquesa, arcos no teto, expositores-vitrines com janelas arredondadas e uma pia em aço inoxidável no centro da loja.

5 . FUTURO E TENDÊNCIAS DO RETAIL DESIGN

ESTÚDIO: DIMORESTUDIO
SITE: DIMORESTUDIO.EU
MARCA: AESOP
FOTO: PAOLA PANSINI

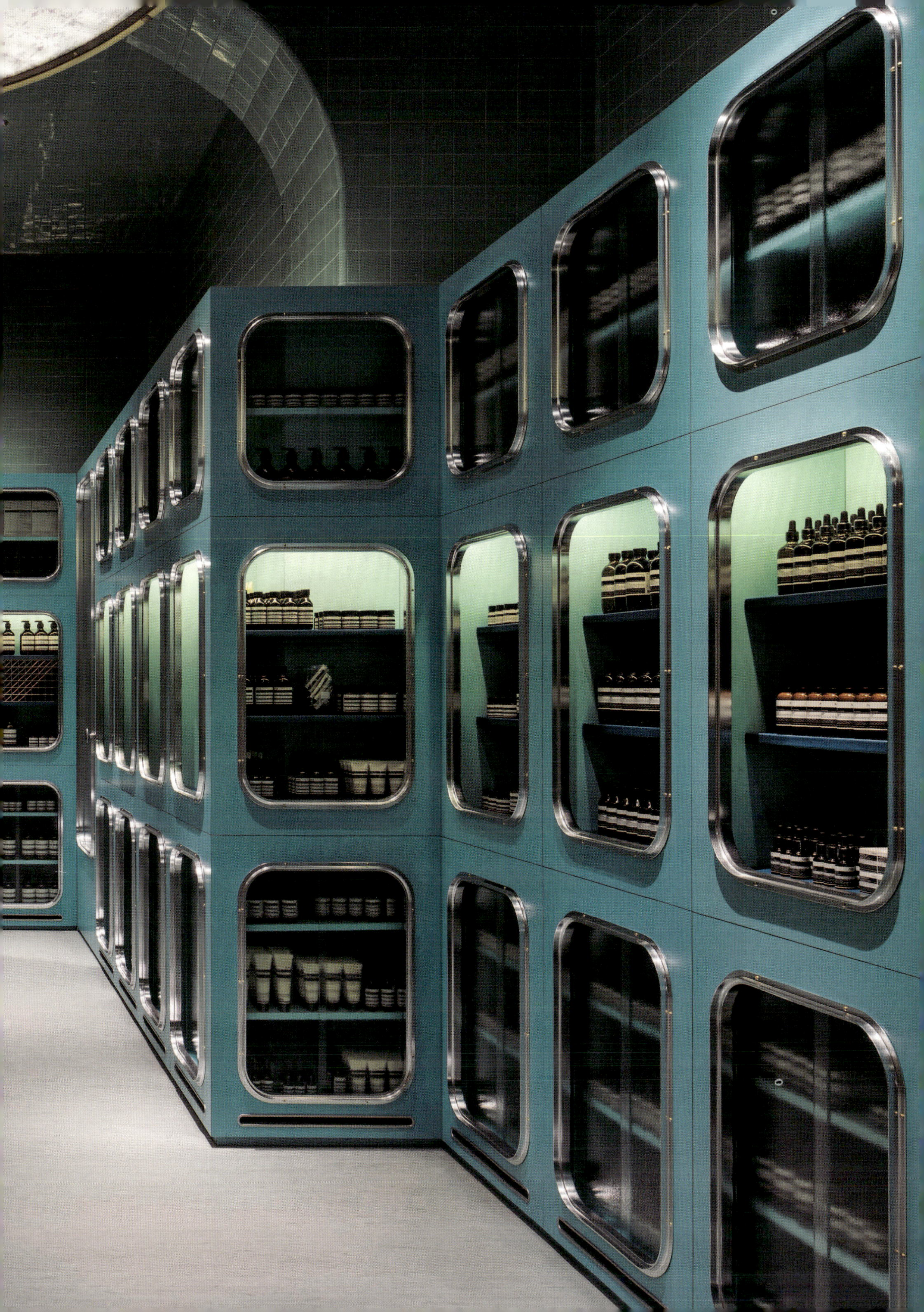

AESOP BY SIMPLICITY
Kyoto, Japão

Já para a loja da Aesop em Kyoto, o estúdio Simplicity usou diferentes elementos da cultura japonesa para criar o interior da loja, inspirados no livro *In Praise of Shadows*, de Jun'ichirō Tanizaki, e nas machiyas, casas tradicionais de madeira típicas da cidade de Kyoto, também encontradas em outras partes do Japão.

    A loja possui traços minimalistas, como na arquitetura japonesa, fazendo um contraste entre apenas o branco e o preto, com alguns toques em cobre. Na vitrine, produtos Aesop são pendurados em colunas verticais sobre um tecido transparente, fazendo referência à caligrafia vertical japonesa. Uma antiga bomba de água foi instalada na entrada da loja e o encanamento de cobre desce do teto, visivelmente, e se ramifica em torneiras e apoio para luminárias.

5 . FUTURO E TENDÊNCIAS DO RETAIL DESIGN

RETAIL
DESIGN
HUB

240

5 . FUTURO E TENDÊNCIAS DO RETAIL DESIGN

ESTÚDIO: SIMPLICITY
SITE: SIMPLICITY.CO.JP
MARCA: AESOP
FOTO: NACASA & PARTNERS INC

ESTÚDIO: WEISS-HEITEN
SITE: WEISS-HEITEN.COM
MARCA: AESOP
FOTO: CORTESIA DE AESOP

5 . FUTURO E TENDÊNCIAS DO RETAIL DESIGN

AESOP BY WEISS-HEITEN
Berlim, Alemanha

A loja da Aesop localizada em Berlim, no emblemático bairro Mitte, foi uma parceria com o estúdio de arquitetura local Weiss-Heiten. O conceito do projeto foi trazer elementos históricos de Berlim com referências contemporâneas da Bauhaus.

O interior da loja foi totalmente revestido com azulejos em tons verdes, inspirados na gama monocromática do artista Gerhard Richter e no toque industrial da cidade alemã.

Uma pia antiga, dos anos 1950, foi recuperada do edifício que costumava ser usado como loja de laticínios. Hoje foi adicionada ao espaço como parte da experiência de compra da Aesop.

RETAIL DESIGN HUB

CUSTOMIZAÇÃO E COCRIAÇÃO

A ideia de que cada pessoa terá a mesma experiência ao entrar em uma loja já é um conceito antigo. Cada cliente deve passar por experiências diferentes de acordo com suas vivências, gostos e perspectiva. Poder sair da loja com um produto totalmente personalizado, que nenhuma outra pessoa no mundo tem igual, é de grande importância para aumentar as vendas atualmente.

O individualismo e a autenticidade estão em alta. Ninguém mais quer ter algo que todos possuem. Os consumidores de hoje procuram exclusividade. Quando eles se envolvem no processo de criação e participam da geração de conteúdo, criam uma relação mais forte e duradoura com a marca e dão mais valor ao produto e ao serviço adquiridos.

Destinar áreas especializadas para essa customização dentro das lojas é fundamental para atrair mais consumidores e fazer com que eles permaneçam mais tempo no ambiente, divertindo-se, fazendo parte da criação e levando para casa um produto exclusivo e personalizado.

> "Quando os consumidores se envolvem no processo de criação e participam da geração de conteúdo, criam uma relação mais forte e duradoura com a marca e dão mais valor ao produto e ao serviço adquiridos."

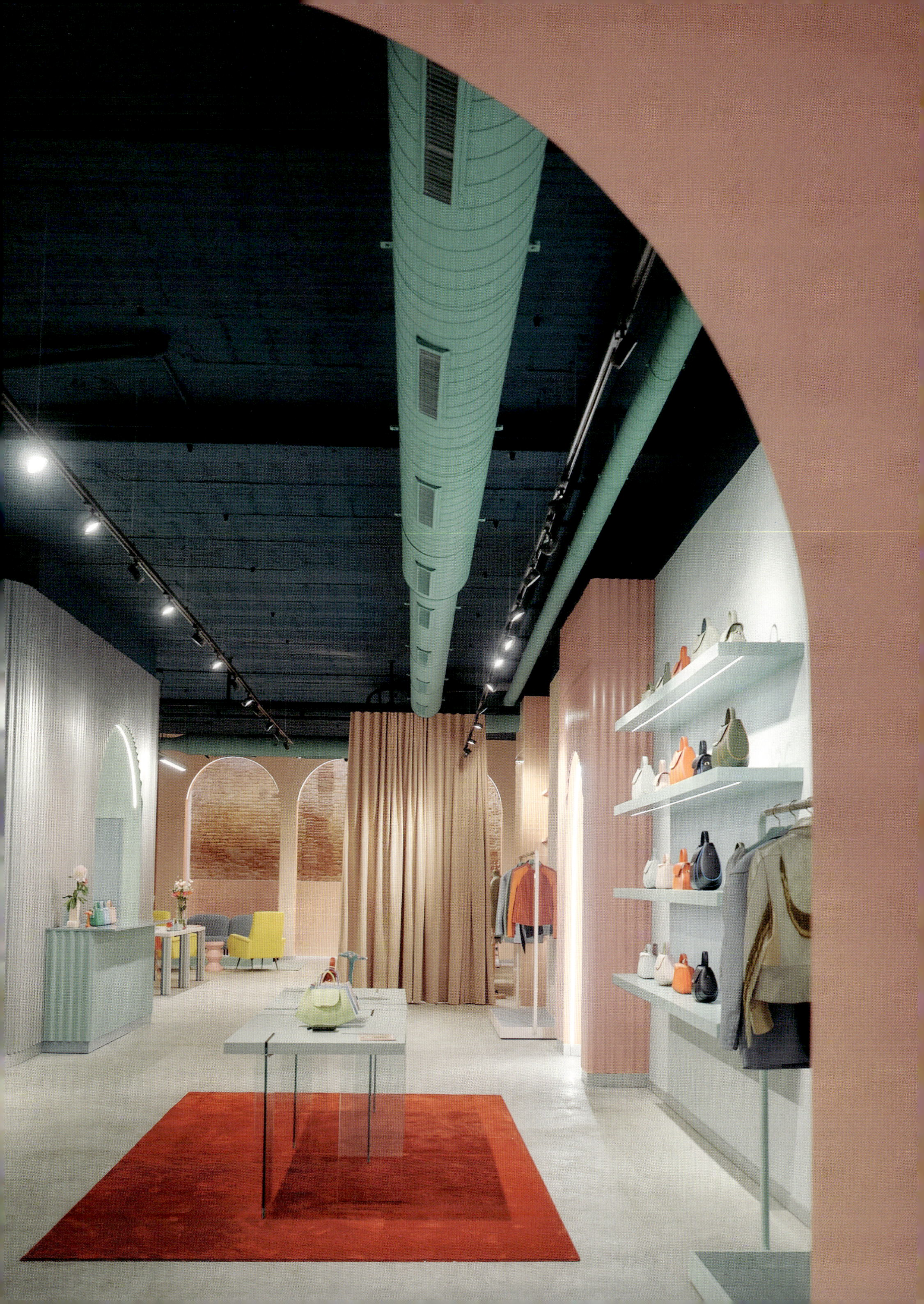

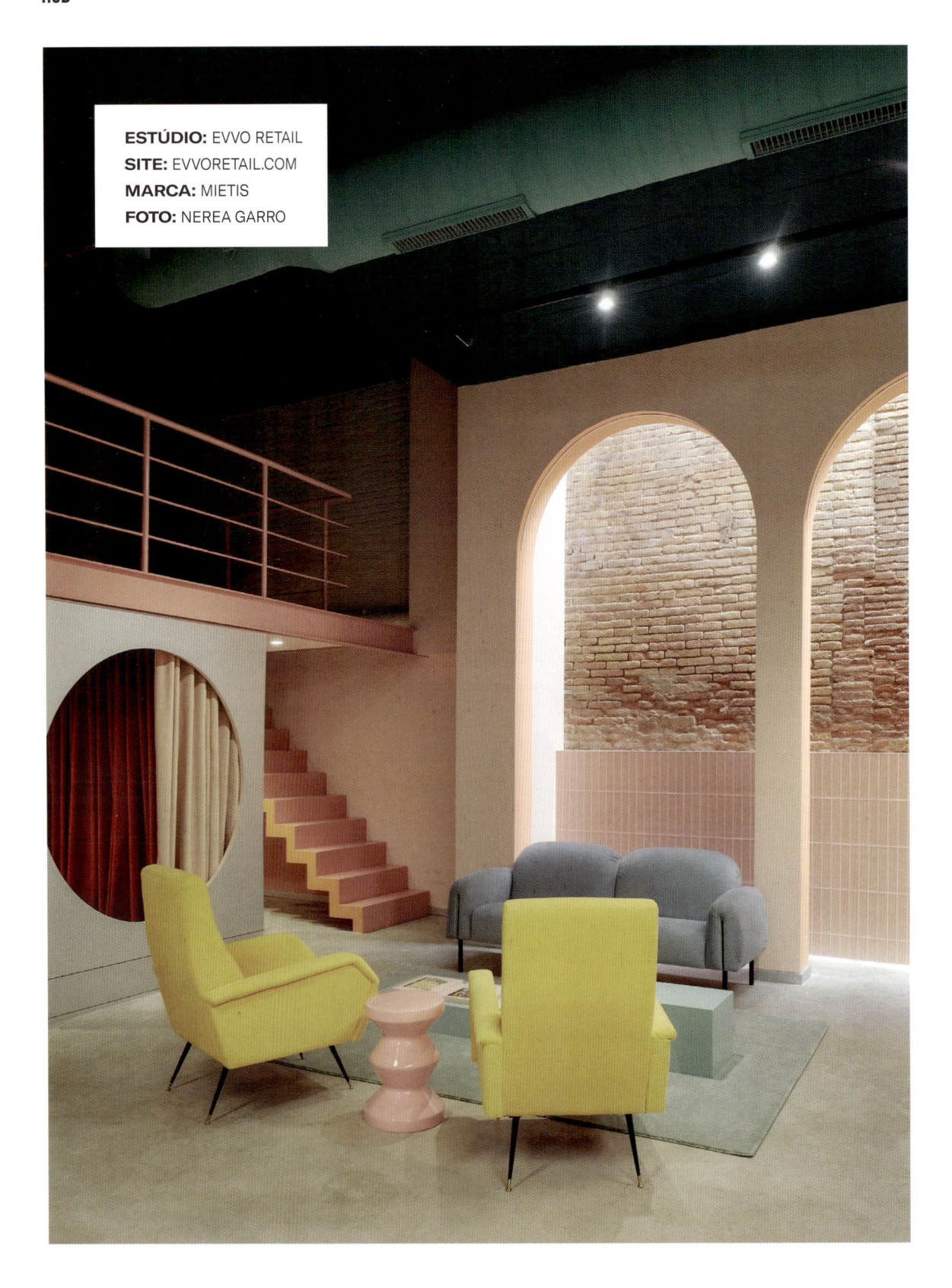

RETAIL
DESIGN
HUB

ESTÚDIO: EVVO RETAIL
SITE: EVVORETAIL.COM
MARCA: MIETIS
FOTO: NEREA GARRO

5 . FUTURO E TENDÊNCIAS DO RETAIL DESIGN

MIETIS BY EVVO RETAIL
Barcelona, Espanha

Localizada no bairro Poblenou, em Barcelona, a primeira loja da Mietis reúne uma galeria, uma loja, um estúdio de design e um ateliê de personalização.

A ideia do retail design da Mietis era trazer uma experiência imersiva e uma realidade paralela para os visitantes através de um universo colorido em tons pastel. Materiais industriais, como alumínio e concreto, contrastam com texturas elegantes e teatrais, como cortinas de veludo vermelho e paredes em formato de arcos.

O objetivo da loja era envolver os consumidores no processo de criação com o ateliê de personalização, um serviço pessoal e exclusivo que a Mietis oferece aos consumidores, no qual a própria designer adapta as peças da coleção com o cliente, personalizando-os para o gosto de cada um. Para isso, um cantinho com máquinas de costura é integrado ao ambiente da loja.

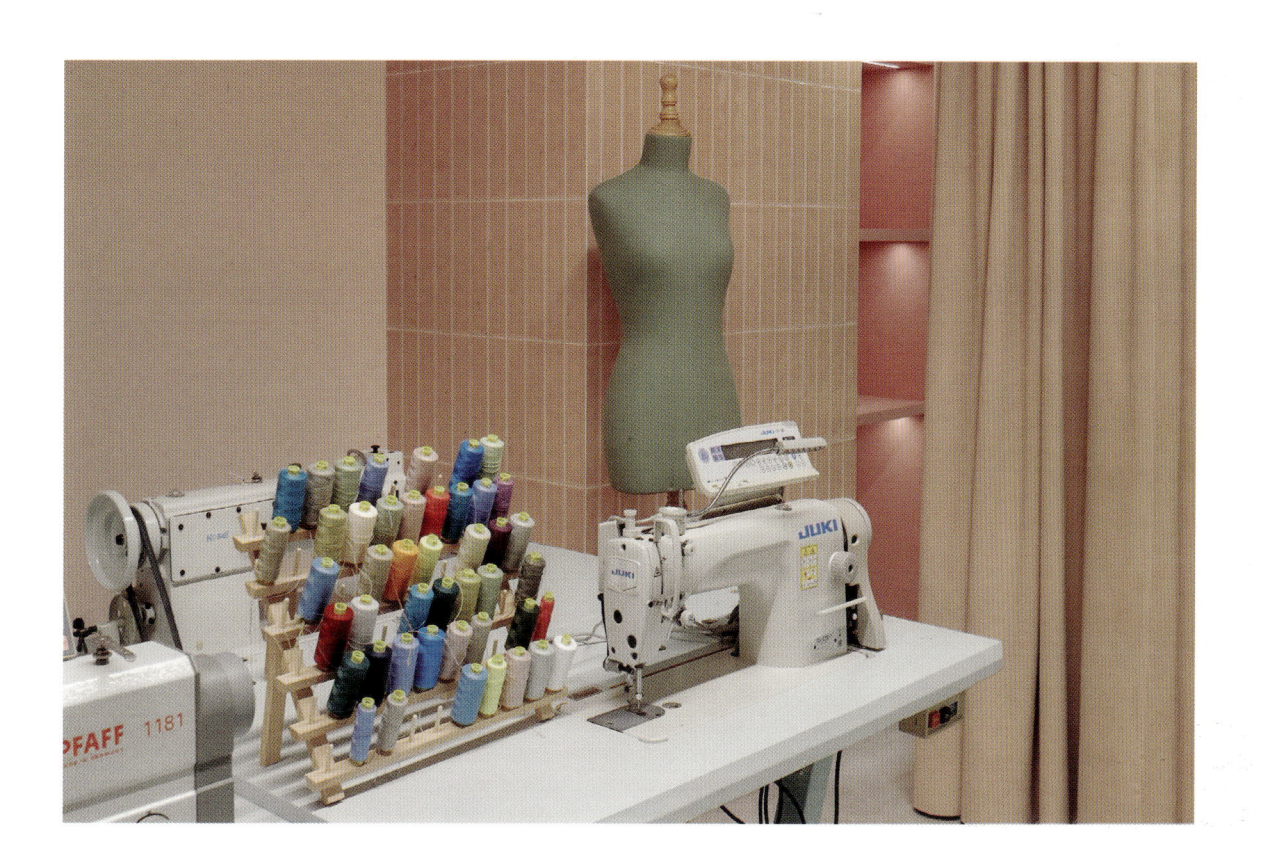

FUTURE LAB BY KEYSTONE STUDIO
Bangcoc, Tailândia

A loja de departamento Siam Discovery, junto ao Keystone Studio, criou o Future Lab, uma pop-up store que celebra a cultura dos tênis e possui um superexperiência de customização.

O espaço é dividido em duas partes: a parte de exibição e a de hiperpersonalização. A de exibição mostra 100 tênis de edições raras e limitadas, feitas por meio da curadoria da Soul4Street, uma revista on-line tailandesa. Já o segmento de hiperpersonalização é promovido pela marca Converse, que permite aos clientes customizar seus tênis com diversas técnicas, como corte, costura, bordado, pintura manual e prensado à máquina de calor.

5 . FUTURO E TENDÊNCIAS DO RETAIL DESIGN

ESTÚDIO: KEYSTONE STUDIO
FACEBOOK: /KEYSTONESTUDIO
MARCA: SIAM DISCOVERY
FOTO: CORTESIA DE KEYSTONE STUDIO

RETAIL
DESIGN
HUB

5 . FUTURO E TENDÊNCIAS DO RETAIL DESIGN

ESTÚDIO: DESIGNLIGA
SITE: DESIGNLIGA.COM
MARCA: PORSCHE
FOTO: STUTTGART SPORTS CAR LTDA. (SSCL)

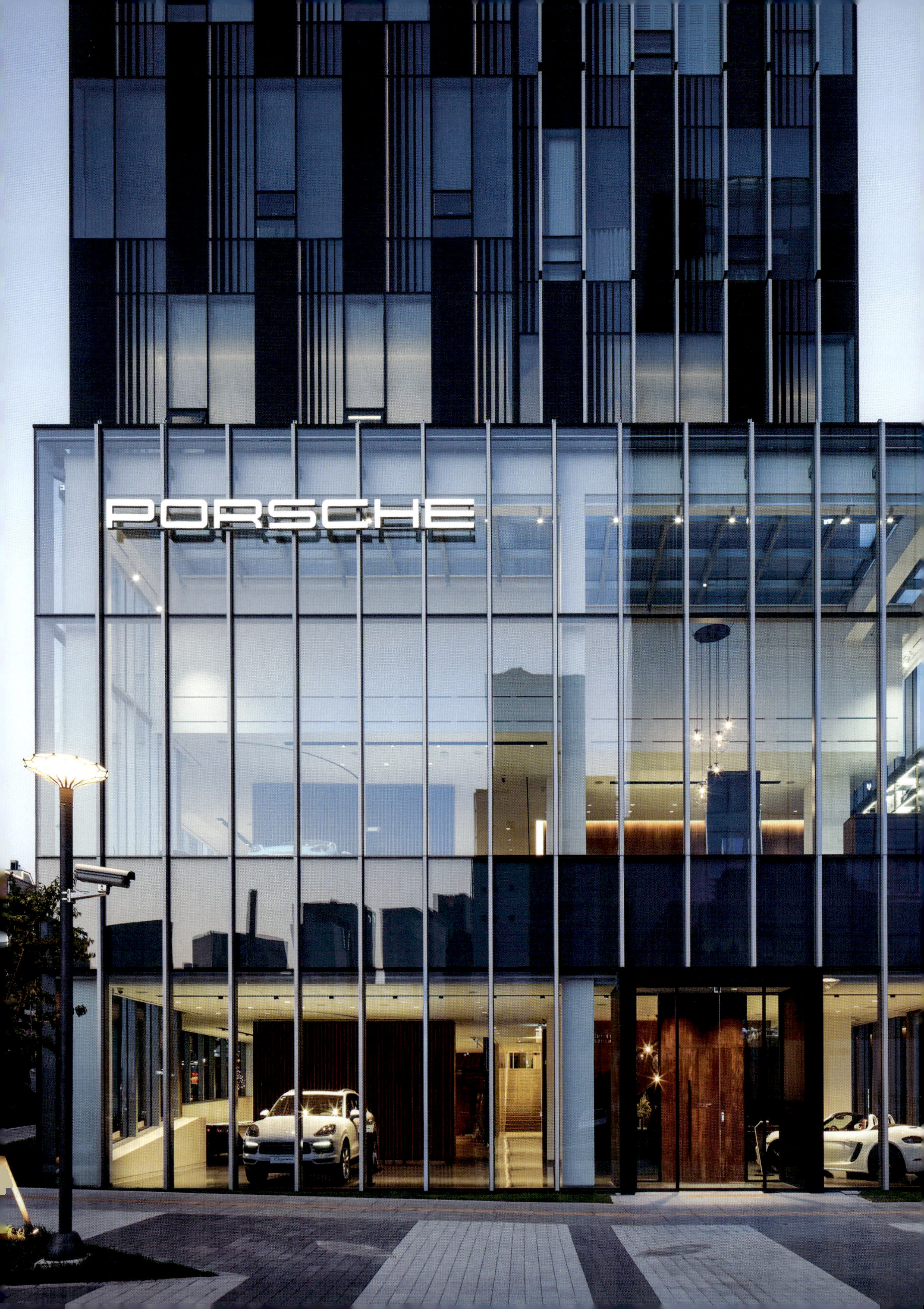
PORSCHE

PORSCHE STUDIO BY DESIGNLIGA
Seul, Coreia do Sul

O estúdio de interiores e de comunicação visual Designliga foi o criador do novo conceito de lojas da Porsche, concebendo a nova estratégia de retail design, o mobiliário, a identidade visual e a arquitetura da loja — um projeto 360° para a marca, ganhando o nome de Porsche Studio.

O setor automotivo vem vivenciando grandes desafios nos últimos tempos, visto que se estabeleceu uma cultura que valoriza mais experiências do que bens de consumo.

Por conta disso, a agência criativa Designliga ajudou a marca a criar um novo conceito de vendas, diferente dos canais clássicos de distribuição, visando ao sucesso e à boa relação com o consumidor em longo prazo. O foco da loja está muito mais na experiência de marca do que nos produtos em si, passando o lifestyle e os valores da Porsche através do design de interiores e da experiência de retail. Isso é obtido por um ambiente acolhedor, com móveis confortáveis, alta tecnologia integrada ao interior da loja e, principalmente, o espaço Porsche Exclusive Manufaktur, onde os clientes podem customizar o carro dos seus sonhos por meio de aplicativos digitais de realidade aumentada e uma elegante exposição de amostras de elementos do carro.

RETAIL × ARTE

Curadoria é a nova forma de visual merchandising. Museus vêm pensando sobre experiência, originalidade e curadoria há muitos anos, adaptando seus espaços para deixar os visitantes explorarem cada detalhe — através de história, informação e exposições. O retail aprendeu com isso e hoje em dia vem se beneficiando de formas similares para expor produtos, trazendo um apelo cultural ao associar-se a museus e galerias de arte. Há três formatos nos quais essa tendência vem sendo explorada.

O primeiro deles é transformar a marca em provedora de conteúdo, trazendo artistas e exposições de arte para seu ambiente, oferecendo um conteúdo diferenciado para seus clientes. Um exemplo disso é quando a marca Melissa, na sua flagship em Londres, utilizou um andar inteiro para exposições de artes de artistas contemporâneos convidados ou quando a Prada criou a Fondazione Prada, uma galeria de arte diferenciada para o seu público, fora do ambiente comercial.

O segundo formato é quando as marcas usam sua história, trajetória e conteúdo próprio, criando exposições e narrativas para os seus clientes, consequentemente fazendo publicidade própria e gerando fidelização de consumidores e expectadores — como a exposição Armani Sillos; a Louis Vuitton Volez, Voguez, Voyagez; e a Dior, Designer of Dreams. Todas elas são exposições com conteúdos exclusivos das próprias marcas, com lançamentos e campanhas passadas, edições especiais e vitrines históricas. Esse formato é o que melhor se encaixa quando uma marca está presente há anos no mercado.

E o terceiro e mais novo formato do momento é a marca como visual merchandising, que reproduz o conceito de exposição de arte, mesclando seus produtos no meio de cenários artísticos e inovadores.

Retailers e marcas tomam o papel de editores, providenciando informações e conteúdo aos consumidores, oferecendo muito mais do que seus serviços e produtos. A mensagem que eles passam se torna de caráter cultural, trazendo arte para dentro das lojas.

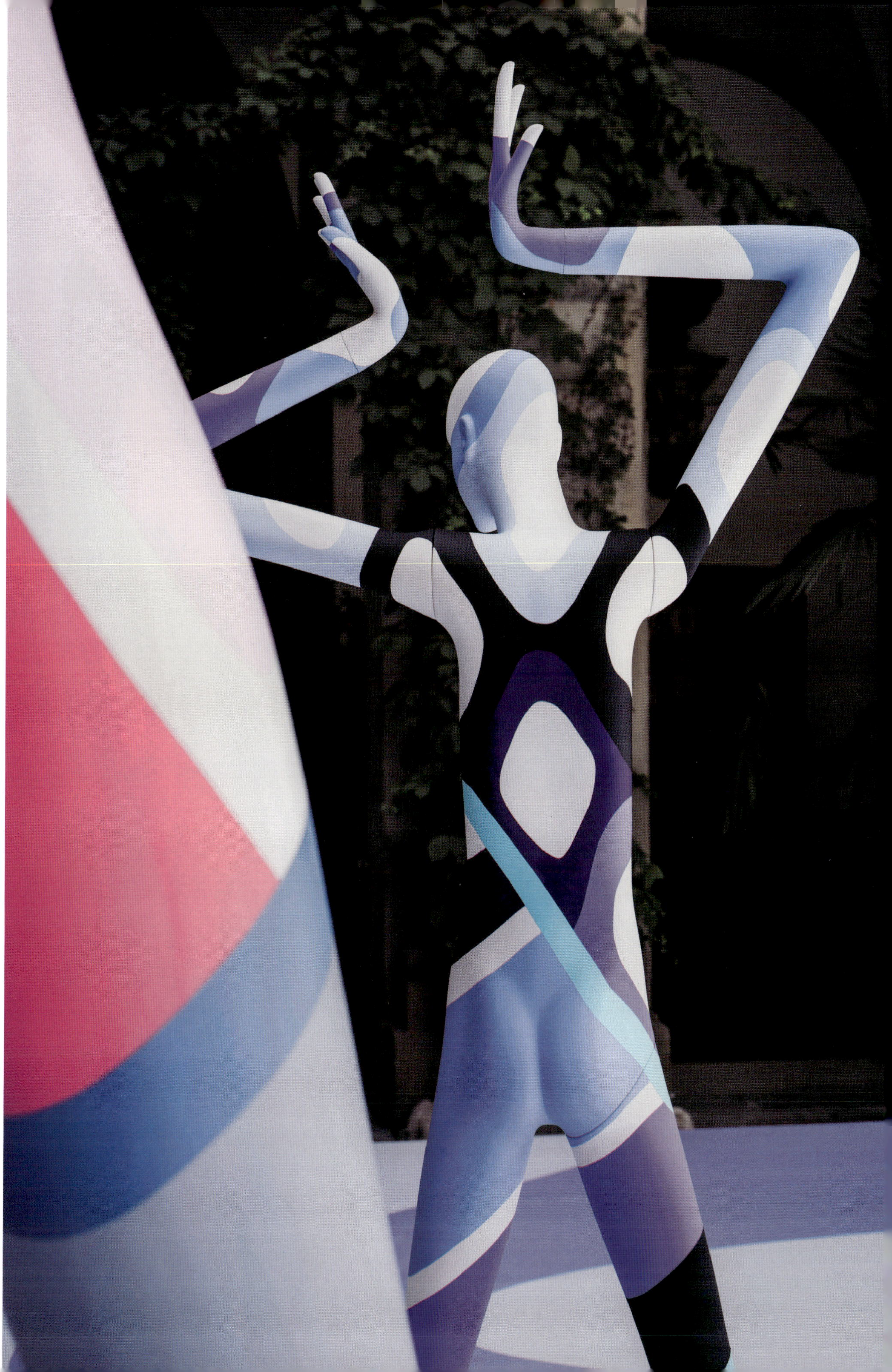

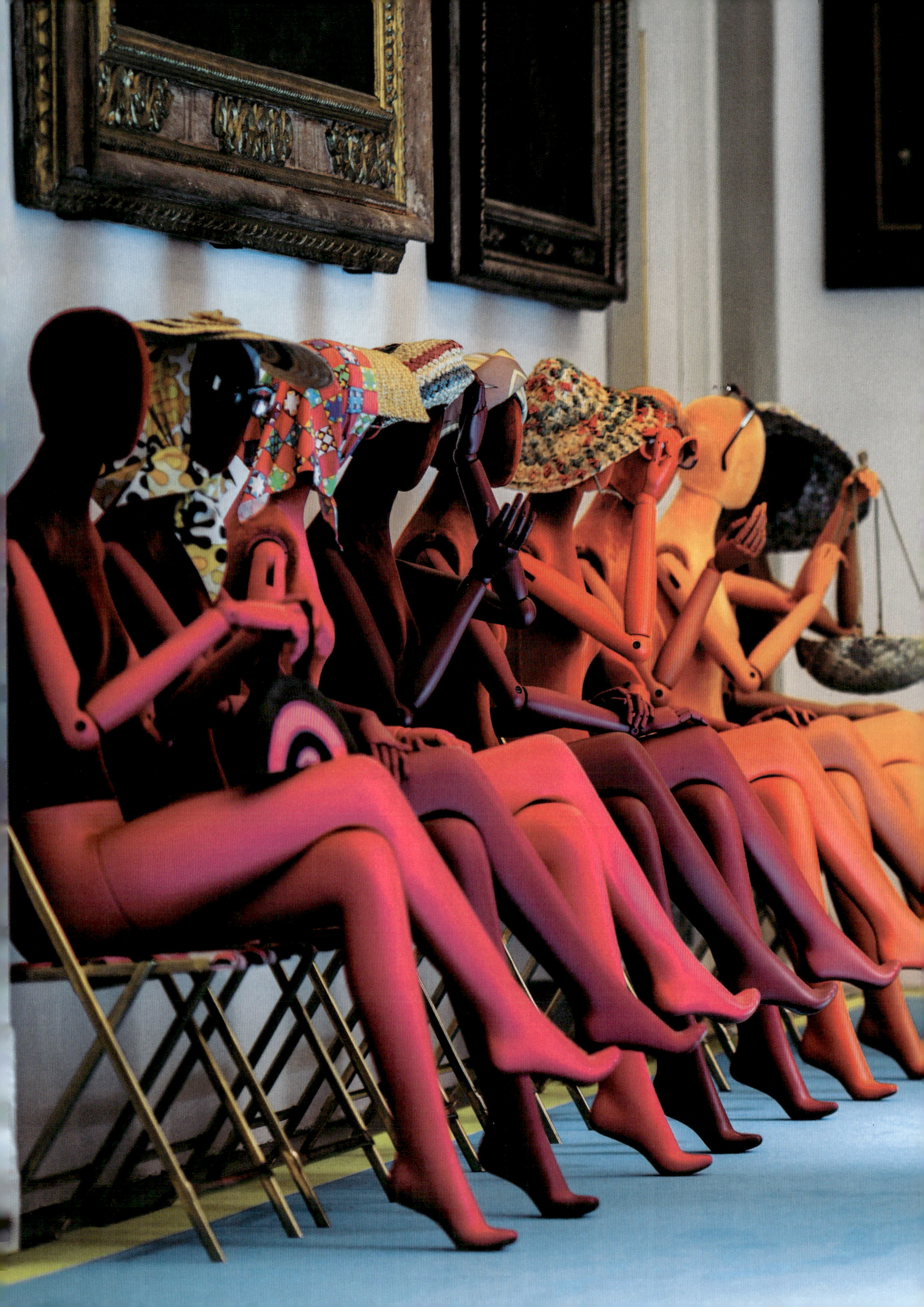

ESTÚDIO: CHAMELEON VISUAL
SITE: CHAMELEONVISUAL.CO.UK
MARCAS: EMILIO PUCCI E BONAVERI
FOTO: LAPO QUAGLI

BONAVERI, A FAN OF PUCCI BY CHAMELEON VISUAL
Florença, Itália

Em junho de 2018, na cidade de Florença, a marca de moda Emilio Pucci e a marca pioneira em manequins Bonaveri colaboraram para conceber uma exposição que celebra a criatividade e o trabalho artesanal de ambas as maisons.

O projeto da exposição tinha o objetivo de mostrar de maneira contemporânea e inovadora a história e o know-how das duas marcas através da criatividade e do visual merchandising da Chameleon Visual, agência criadora do design de uma série de instalações para a exposição.

Os manequins de Bonaveri são expostos pelas instalações, representando o universo colorido e visual da marca Pucci. Várias salas do Palazzo Pucci foram ocupadas para a exposição: uma delas contendo manequins de veludo com dégradé de cores, exibindo acessórios da marca, bem como manequins gigantes, estampados com os clássicos desenhos da Pucci, invadindo o pátio externo.

5 . FUTURO E TENDÊNCIAS DO RETAIL DESIGN

MARCA: VANS
SITE: VANS.COM
COLLAB: KK OUTLET
FOTO: JAMES NORTH/MIKE PALMER

5 . FUTURO E TENDÊNCIAS DO RETAIL DESIGN

VANS COVENT GARDEN
Londres, Inglaterra

A ideia da butique da Vans no distrito de Covent Garden, em Londres, foi criar uma mescla entre loja e plataforma criativa para a comunidade local. O subsolo da loja foi destinado à eventos e workshops, como ponto de encontro.

Um exemplo do uso desse espaço, que vai além da loja, foi a colaboração com a KK Outlet, comunidade criativa que apoia principalmente novos artistas e talentos, durante o período de três meses. Vários artistas e residentes puderam aproveitar o espaço para expressar seu tipo de arte, seja através de fotografias, pinturas ou esculturas.

Além de criar um senso de comunidade, atraindo consumidores para dentro da loja, a Vans também apoia e ajuda novos artistas a ganhar visibilidade em uma área renomada na cidade como Covent Garden. Isso faz com que os visitantes experienciem o lifestyle da marca, sentindo-se parte dela.

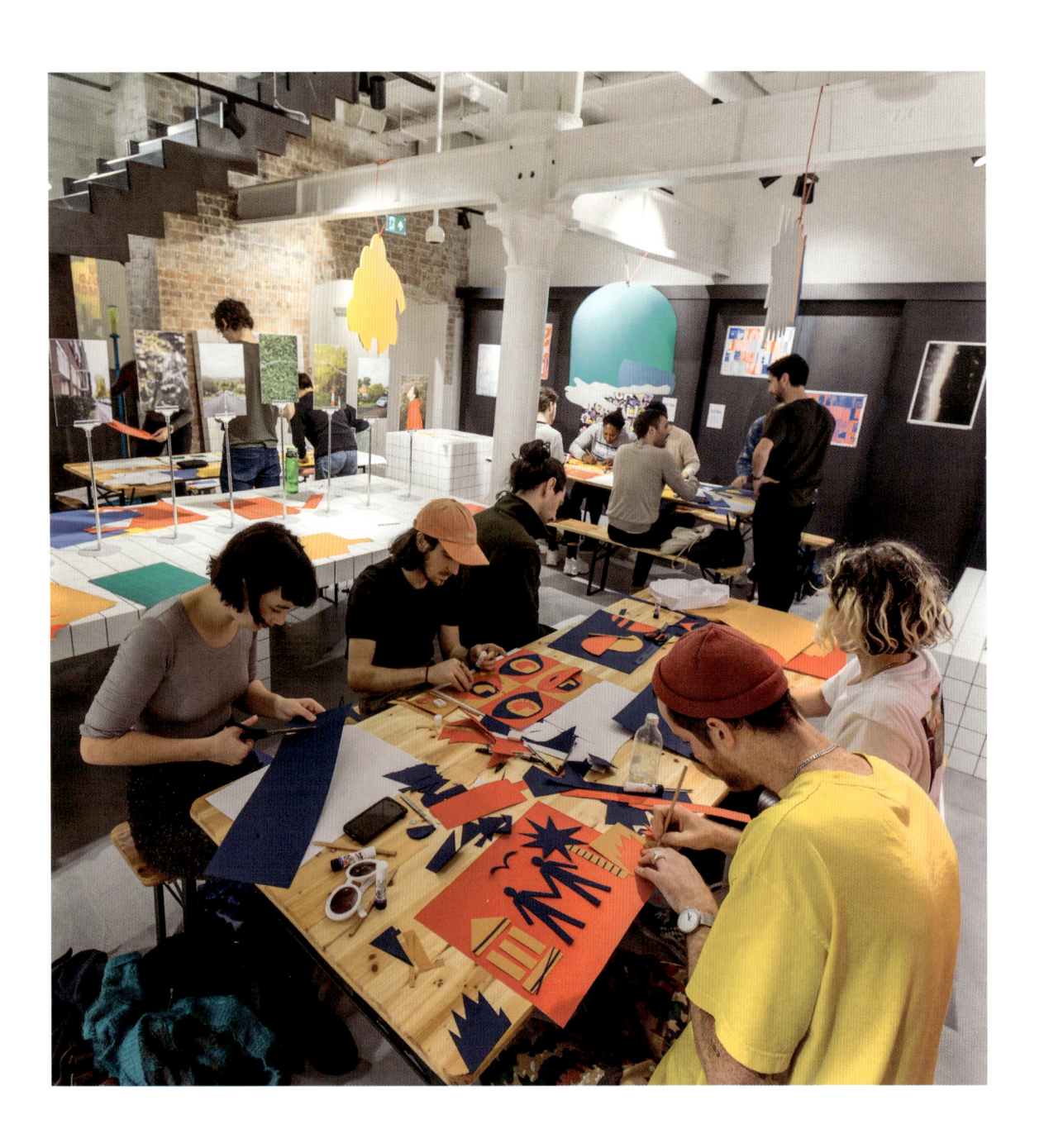

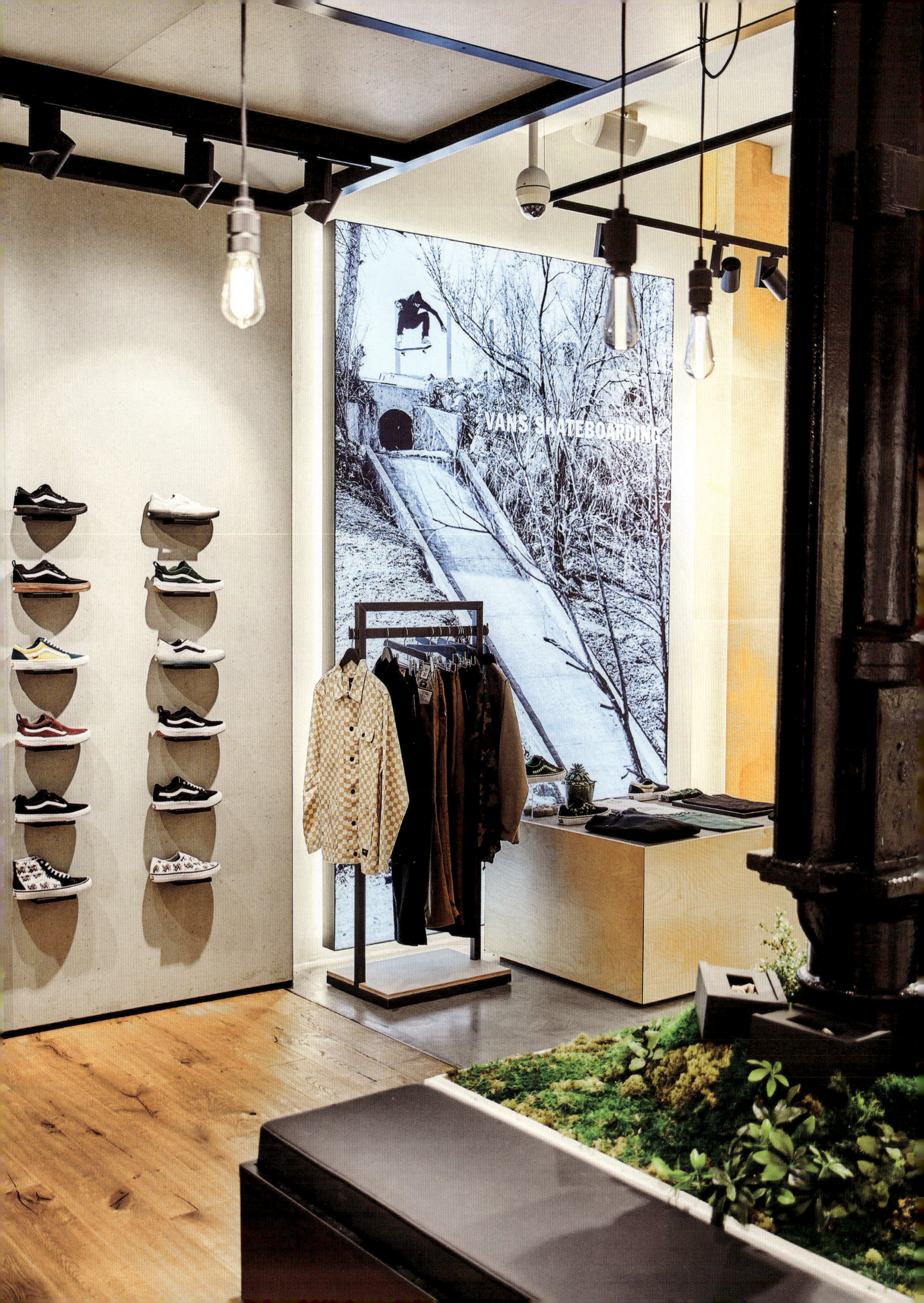
VANS SKATEBOARDING

SUSTENTABILIDADE

É importante ressaltar que sustentabilidade não é mais uma tendência; é uma obrigação. O universo do consumo e do varejo vem sendo muito criticado pelos seus modos insustentáveis e por afetar altamente a degradação do meio ambiente. Já passou da hora de mudar o consumo, fazendo do varejo um meio mais sustentável e consciente.

Cada vez mais, arquitetos e designers buscam sistemas construtivos em suas obras, focados em sustentabilidade e inovação. Algumas vezes, materiais e revestimentos sustentáveis são peças-chave e o diferencial do conceito de um projeto.

No retail design não é diferente. Há diversas maneiras de ser mais sustentável em um projeto de retail: programar e gerir a obra, impedindo o desperdício de materiais; projetar espaços mais flexíveis para as marcas se readaptarem de acordo com seus objetivos; apostar em materiais e revestimentos sustentáveis; reutilizar móveis e expositores, encontrando novas formas de exposição; e idealizar ações e experiências na loja, para que os clientes contribuam com a sustentabilidade. Além de ajudar o meio ambiente, essas soluções fazem com que os projetos se tornem únicos e cheios de personalidade.

Com a tecnologia de hoje, há inúmeras possibilidades e maneiras de promover a sustentabilidade no retail design. O importante é fazer com que ela esteja sempre presente ao projetar os espaços.

> **Materiais e revestimentos sustentáveis são peças-chave e o diferencial do conceito de um projeto.**

ACE&TATE + PLASTICIET
Antuérpia, Bélgica

Para a criação da loja implementada na Antuérpia, a marca de óculos e ótica Ace&Tate juntou-se à startup Plasticiet, empresa holandesa que coleta resíduos de plástico e os transforma em lâminas e chapas de material. Especialmente para a Ace&Tate, a Plasticiet desenvolveu um acabamento com efeito de textura de granilite, com inclusões azuis, vermelhas, verdes e amarelas. O material replicado, usado para criar esse acabamento, foi o polietileno, plástico muito comum, utilizado no nosso dia a dia, como em embalagens de alimentos, utensílios de cozinha e brinquedos.

Os painéis de "terrazzo de plástico" são placas grandes e quadradas que fazem parte do acabamento de paredes, prateleiras e expositores por toda a loja. Para enfatizar esse conceito, a vitrine da loja foi preenchida com essas partículas coloridas de plástico reciclado. Dessa forma além de ser atrativa, torna-se explicativa, promovendo esse movimento sustentável.

Cabines feitas com o terrazzo reciclado foram pensadas para os clientes provarem os óculos e tirarem foto nesse entorno colorido. O neon, como em outras lojas da Ace&Tate, também está presente. Especialmente na loja da Antuérpia, os neons são em formato de embalagens de plástico, fazendo o desfecho do conceito.

MARCA: ACE&TATE
SITE: ACEANDTATE.COM
FOTO: LENNART WIEDEMUTH

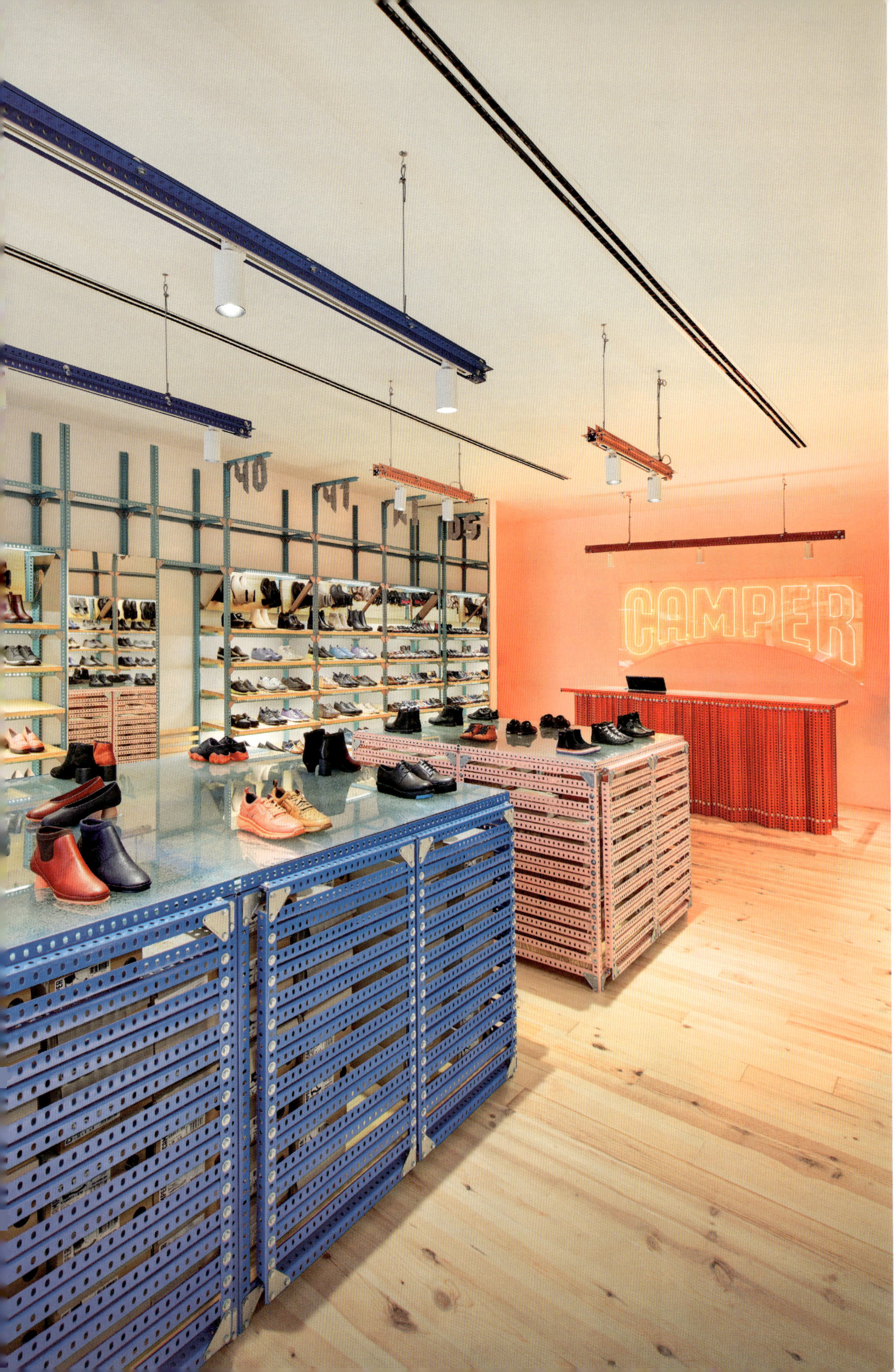
CAMPER

5 . FUTURO E TENDÊNCIAS DO RETAIL DESIGN

CAMPER BY OFICINA PENADÉS
Málaga, Espanha

Ao visitar o armazém da marca de sapatos Camper, em uma pequena vila no centro de Maiorca, o designer Jorge Penadés pensou: por que não manter essa estética para a loja que iria projetar?

Jorge propôs a ideia de preservar os perfis metálicos, utilizados nas prateleiras dos armazéns, transformando-os em expositores coloridos para a nova loja. Usando apenas três elementos básicos do armazém — perfil metálico e perfurado, cantoneiras e parafusos —, foi fabricado todo o mobiliário necessário para o interior da loja: displays, prateleiras, mesa, caixa, bancos para sentar, luminárias e até mesmo a tipografia para indicar o número dos calçados.

Para displays e prateleiras, os perfis metálicos foram utilizados de maneira comum, como em um armazém — estrutura nas extremidades, suportando as prateleiras de madeira. Já para a mesa central, os perfis cobrem todas as laterais da mesa, apoiando um vidro jateado. No caixa da loja eles foram usados de maneira mais escultural, criando uma textura em zigue-zague, e também serviram de trilhos para encaixes de pequenos holofotes de luz no teto.

A Oficina Penadés, além de ter concebido o design da loja, participou de toda a construção do projeto, dando ainda mais vida e personalidade a ele, provando que é possível reutilizar materiais simples para criar um retail design impactante, criativo e, principalmente, sustentável.

ESTÚDIO: OFICINA PENADÉS
SITE: OFICINAPENADES.COM
MARCA: CAMPER
FOTO: JOSÉ HEVIA

RETAIL
DESIGN
HUB

MARCA: TIFFANY & CO
SITE: TIFFANY.COM
FOTO: JOSÉ HEVIA

5 . FUTURO E TENDÊNCIAS DO RETAIL DESIGN

LUXO DESCONTRAÍDO

Possuir um nome importante no mercado de luxo já não é fator suficiente para atrair a nova geração de consumidores. Retailers e marcas de luxo estão entendendo que, para atrair o público mais jovem, é preciso deixar de lado esse antigo conceito de butique elegante, com seguranças por todas as partes e uma atmosfera de merchandising pretensiosa e intocável; devem conceber um ambiente mais relaxado, juvenil, lúdico e divertido, passando da formalidade à descontração.

Focar em um espaço mais experimental, divertido e cenográfico, no qual os clientes desejem passar seu precioso tempo e criar conteúdo em cooperação com a marca, é muito mais efetivo do que o antigo conceito do mercado de luxo, exclusivo e intangível.

Há alguns anos, as marcas Tiffany e Gucci captaram essa mudança no comportamento dos consumidores do mercado de luxo e mudaram também o conceito das suas lojas. Paredes de tijolo aparente, sofás mais confortáveis e até mesmo um cinema fazem parte do novo retail design da Gucci. A Tiffany também aposta em displays versáteis, feitos de madeira, e até mesmo na instalação de máquinas de venda dentro das lojas, uma maneira self-service de comprar nunca vista anteriormente na joalheria.

Estar próximo do consumidor de uma maneira mais espontânea e criativa é muito mais eficaz do que manter-se distante e formal. Proximidade e empatia são fatores decisivos para o mercado de luxo atualmente.

RETAIL
DESIGN
HUB

TIFFANY & CO. COVENT GARDEN
Londres, Inglaterra

Para o conceito da loja da Tiffany & Co. Covent Garden criado em 2018, a ideia foi trazer um ambiente mais descontraído e inusitado para a experiência de compra das joias.

Um design de interiores criativo, com displays divertidos e acabamentos honestos, faz parte do look and feel da loja. Uma máquina automática de vendas é um dos destaques da loja — algo totalmente imprevisível de se ver dentro de uma loja de joias —, onde os consumidores podem comprar produtos da marca por conta própria.

Outro grande destaque da experiência de compra dentro da loja é a #MakeitTiffany, uma seção onde os clientes podem customizar completamente suas joias e dar um toque mais pessoal e único a elas.

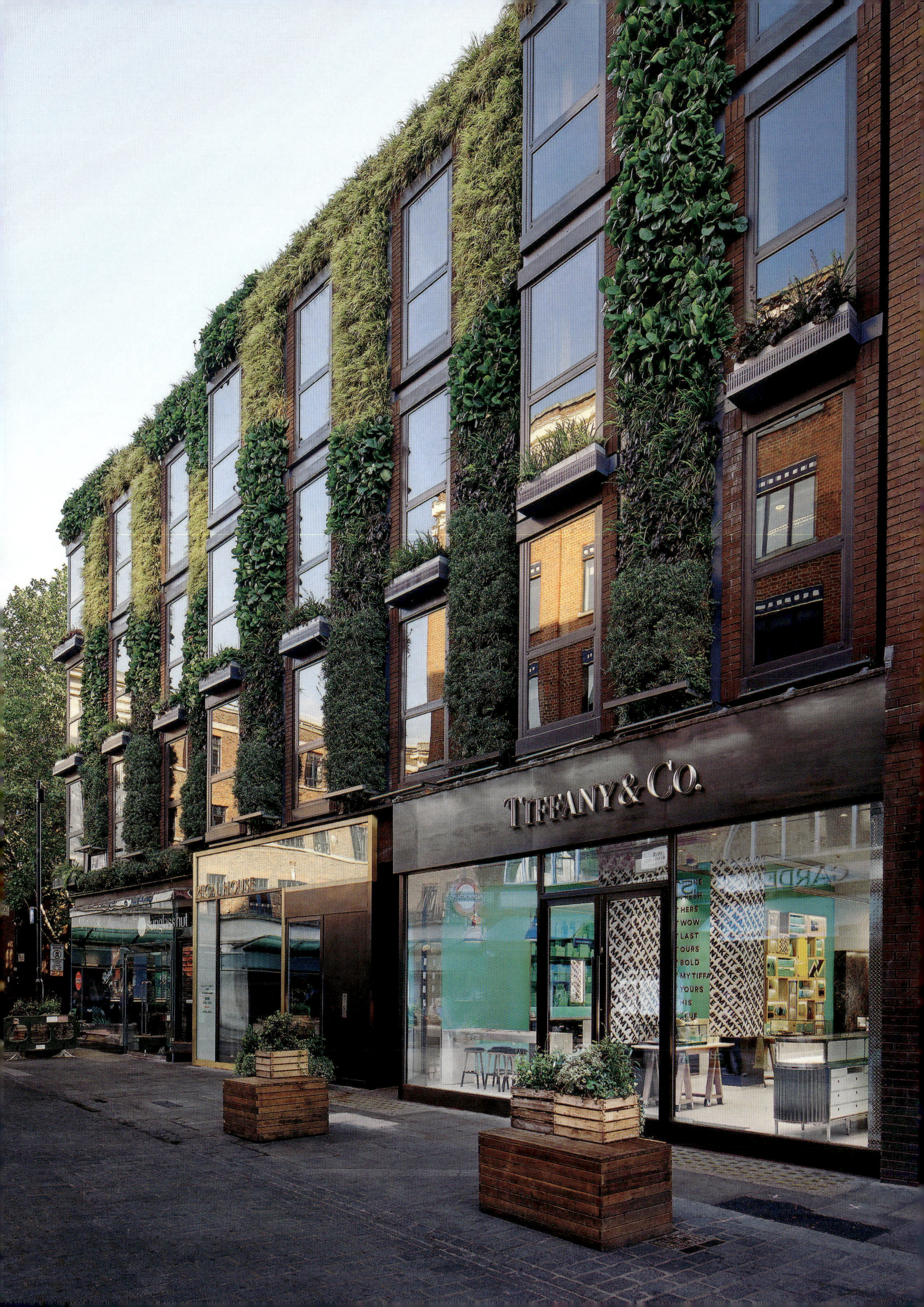
TIFFANY&Co.

RETAIL
DESIGN
HUB

5 . FUTURO E TENDÊNCIAS DO RETAIL DESIGN

CHRISTIAN LOUBOUTIN BY LAURA GONZALEZ
Amsterdã, Holanda

A designer de interiores Laura Gonzalez, em colaboração com a marca Christian Louboutin, foi a responsável pela criação das duas lojas inovadoras da marca: em Amsterdã e Barcelona. O destaque desse projeto se deu por ser muito mais divertido e atraente nos quesitos design e exposição de produto.

    A designer usou como inspirações formas e cores da temática de circo e parque de diversões para projetar o espaço e o mobiliário — como, por exemplo, uma roda-gigante que serve de display para os sapatos. A fachada foi totalmente reformada, dando cor e alegria para a marca, em uma chuva de porcelanato colorido. O ar teatral do espaço oferece maior interação e desperta a curiosidade do consumidor, destacando ainda mais o conceito da marca e dos produtos.

CHRISTIAN LOUBOUTIN

ESTÚDIO: LAURA GONZALEZ
SITE: LAURAGONZALEZ.COM
MARCA: CHRISTIAN LOUBOUTIN
FOTO: CORTESIA DE CHRISTIAN LOUBOUTIN

5 . FUTURO E TENDÊNCIAS DO RETAIL DESIGN

TRANSPARÊNCIA E AUTENTICIDADE

Transparência e autenticidade geram credibilidade, ganhando a lealdade e a confiança dos consumidores. Ser verdadeiro na missão e nos valores da marca e passar isso para os clientes de um modo claro e objetivo através do retail design é uma grande estratégia para ganhar atratividade.

Os valores dos consumidores atualmente batalham contra o falso e o artificial, dando muito mais importância para marcas autênticas e transparentes. Com o avanço digital, a informação está mais acessível e as pessoas esperam um nível de transparência e comprometimento das marcas, não somente com o meio ambiente, mas para comunicar o que realmente são e não se camuflar atrás de campanhas enganosas.

No retail design, a melhor maneira de manter a autenticidade e a transparência, além de conceber um design fiel aos valores da marca, é ter uma atitude humilde através dos materiais usados e sua procedência; é saber contar a história da marca de um modo verdadeiro e honesto.

> **A melhor maneira de manter a autenticidade e a transparência é saber contar a história da marca de um modo verdadeiro e honesto.**

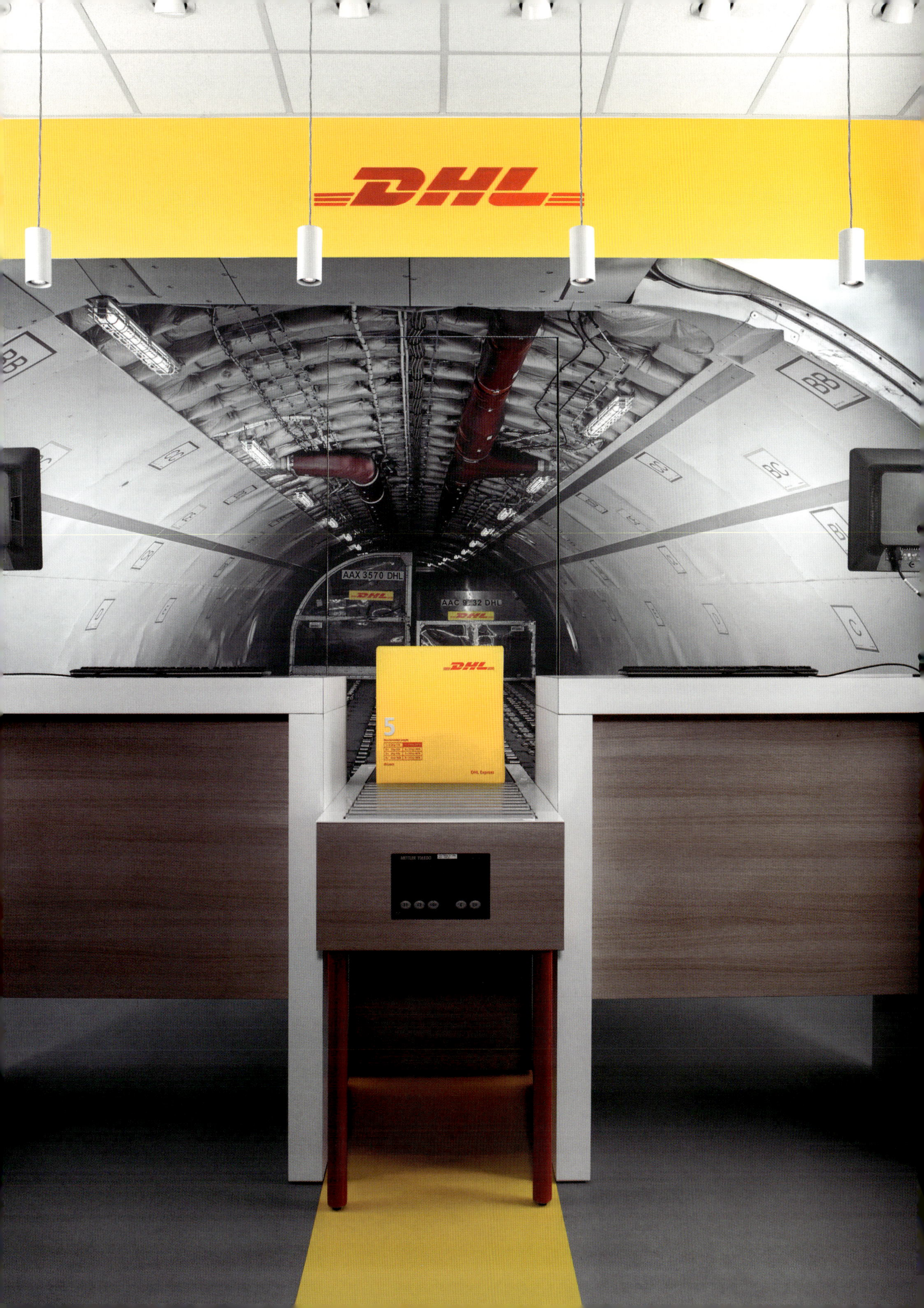
DHL
AAX 3570 DHL
DHL
5
DHL Express
METTLER TOLEDO

ESTÚDIO: TCHAI INTERNATIONAL
SITE: TCHAI.NL
MARCA: DHL
FOTO: MOKUM @ SALON D'AUTONOME/JAAP VLIEGENTHART

5 . FUTURO E TENDÊNCIAS DO RETAIL DESIGN

DHL FLAGSHIP STORE BY TCHAI INTERNATIONAL
Amsterdã, Holanda

O estúdio de design Tchai International criou o conceito de retail para a marca DHL em 2015, com a estratégia de transportar o cliente para o mundo da logística DHL. O objetivo era criar um lugar no qual as pessoas entendam claramente como enviar e receber seu pacote com rapidez e segurança, com caixas e etiquetas fornecidas pela DHL, através de um serviço impecável.

A parede atrás do balcão possui uma imagem em tamanho real do compartimento de carga de um avião. O envio que o cliente deixa na loja é levado diretamente para "dentro do avião" até o destino final.

HOMME PLISSÉ ISSEY MIYAKE/AOYAMA BY TOKUJIN YOSHIOKA
Tóquio, Japão

O designer Tokujin Yoshioka acredita que a internet fez com o que o retail design vivencie uma nova era, que o importante hoje em dia é o tempo e a experiência através do design.

Com base nisso, o designer projetou a loja Homme Plissé Issey Miyake, em Aoyama, instalando uma máquina de plissar como destaque no centro da loja, permitindo que os visitantes vejam o processo de criação dos tecidos plissados da marca. Isso faz com que os consumidores se sintam parte do processo de produção do que estão comprando, além de a marca passar uma imagem transparente sobre as técnicas de fabricação até as vendas.

O espaço também retrata o contraste entre a máquina futurística e as texturas sofisticadas das roupas, fechando o conceito da Issey Miyake — uma fusão entre tecnologia e artesanato.

5 . FUTURO E TENDÊNCIAS DO RETAIL DESIGN

ESTÚDIO: TOKUJIN YOSHIOKA
SITE: TOKUJIN.COM
MARCA: HOMME PLISSÉ ISSEY MIYAKE
FOTO: MASAYA YOSHIMURA

ESTÚDIO: CHECKLAND KINDLEYSIDES
SITE: CHECKLANDKINDLEYSIDES.COM
MARCA: JOSEPH CHEANEY & SONS
FOTO: CORTESIA DE CHECKLAND KINDLEYSIDES

JOSEPH CHEANEY & SONS BY CHECKLAND KINDLEYSIDES
Londres, Inglaterra

Localizada em Coal Drops Yard, destino de compras em Londres, a loja de calçados Joseph Cheaney & Sons é uma colaboração com o estúdio Checkland Kindleysides. O conceito da loja se inspira na história da sua própria localização: fazendo os visitantes imergirem na arquitetura ferroviária original e simulando a sensação de estarem dentro de um vagão de trem.

Os detalhes nos displays da loja enfatizam a herança e a arte da fabricação dos calçados que a marca carrega, através de silhuetas de ferramentas. O tecido que cobre o expositor central da loja possui detalhes que exemplificam os cortes dos couros da produção dos sapatos.

Uma estação de trabalho dentro da loja e perto dos expositores possibilita que os clientes recebam o serviço de polimento dos sapatos também.

6

CONCLUSÃO

O retail design não está em extinção por causa do movimento digital, apenas sofreu mudanças na sua função e está mais presente do que nunca. Na era digital, na qual tudo é mais fácil e acessível, as pessoas valorizam cada vez mais experiências físicas e memoráveis.

A loja física e o e-commerce não servem para eliminar um ao outro; são sistemas complementares que, se trabalhados em conjunto, fortalecem a conexão entre consumidor e marca.

Para criar um retail design diferenciado e fortemente competitivo, é preciso investir em estratégia, experiência e storytelling. Criar ambientes diferenciados, focados no consumidor e com um design de interiores inesquecível é um dos fatores principais para atrair clientes.

Anteriormente, o varejo focava apenas na transação de troca. Hoje, vive-se uma realidade que valoriza a relação de empatia e experiência com o consumidor.

O design das lojas, os displays e o visual merchandising vêm se tornando mais conceituais, únicos e experimentais. Lojas não são somente lojas. São hotel, restaurante, café, cinema e playground — são pontos de encontro.

O retail design é uma atividade multidisciplinar. Cabe ao designer entender profundamente os comportamentos de consumo, os valores da marca, os modelos de negócios e transformá-los em design espacial e experimental.

Investir em retail design é recuperar seu investimento tanto em vendas quanto na mídia. O retail design tem um futuro brilhante pela frente quando se trata de projetos de alta performance em experiência e customer journey.

RETAIL DESIGN HUB

LANVIN BY DIMORESTUDIO
Xangai, China

A loja da Lanvin projetada pelo Dimorestudio, situada em Xangai, reflete a nova direção criativa da marca. Esta foi a primeira de uma série de lojas no mundo que ganharam essa renovação de conceito.

Elementos sólidos esculturais com texturas curvadas servem de revestimento e expositores por toda a loja, trazendo a sensação de serem cortinas fluidas. O mobiliário projetado pelo próprio Dimorestudio compõe o resto do ambiente — um espaço que mescla os sentidos da moda com a arte.

6. CONCLUSÃO

ESTÚDIO: DIMORESTUDIO
SITE: DIMORESTUDIO.EU
MARCA: LANVIN
FOTO: PAOLA PANSINI

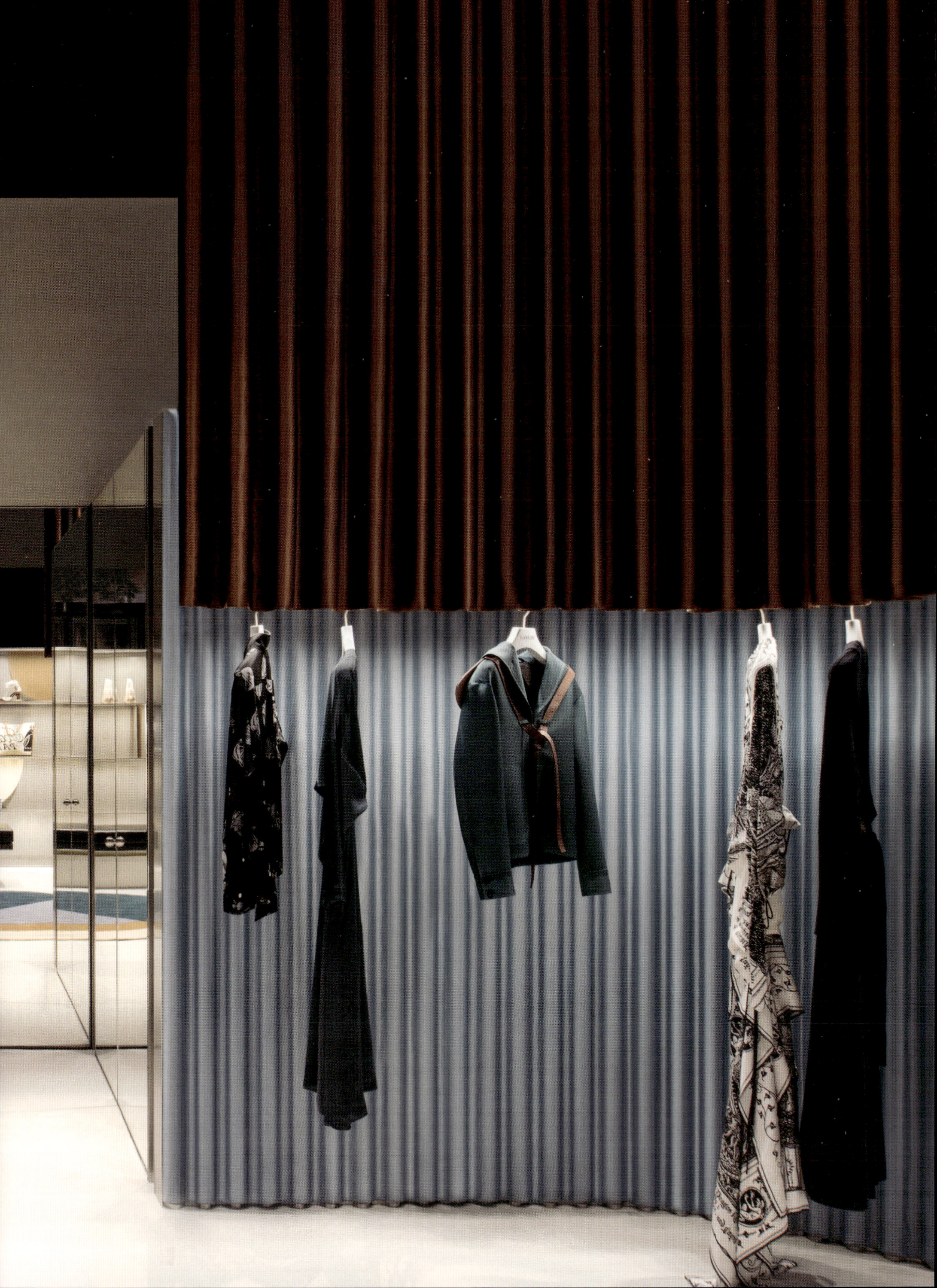

7 CRÉDITOS

LOJA: DARIAL BARCELONA
SITE: DARIAL.COM
FOTO: CLEMENTE VERGARA
PÁG.: 4, 6, 7, 8, 9, 10, 11

ESTÚDIO: CURIOSITY
SITE: CURIOSITY.JP
MARCA: DOLCE & GABBANA
FOTO: ALESSANDRA CHEMOLLO
PÁG.: 12, 15, 16, 17, 18, 21

ESTÚDIO: HANNES PEER ARCHITECTURE
SITE: HANNESPEER.COM
MARCA: Nº21
FOTO: HANNES PEER ARCHITECTURE
PÁG.: 22, 23

ESTÚDIO: HALLEROED
SITE: HALLEROED.COM
MARCA: AXEL ARIGATO
FOTO: ERIK UNDÉHN
PÁG.: 24, 25, 27, 28, 29

ESTÚDIO: CURIOSITY
SITE: CURIOSITY.JP
MARCA: MONCLER
FOTO: ALESSANDRA CHEMOLLO
PÁG.: 30, 31

MARCA: GUCCI
SITE: GUCCI.COM
FOTO: CORTESIA DE PABLO ENRIQUEZ PARA GUCCI
PÁG.: 32, 33, 34, 35, 36

MARCA: PRADA
SITE: PRADA.COM
FOTO: CORTESIA DE PRADA
PÁG.: 38, 39, 40

ESTÚDIO: MONUMENT OFFICE
SITE: MONUMENTOFFICE.COM
MARCA: NIKE
FOTO: CORTESIA DE MONUMENT OFFICE
PÁG.: 42, 43, 44, 45

ESTÚDIO: ADJAYE ASSOCIATES
SITE: ADJAYE.COM
MARCA: THE WEBSTER
FOTO: LAURIAN GHINITOIU
PÁG.: 47, 48

ESTÚDIO: ADJAYE ASSOCIATES
SITE: ADJAYE.COM
MARCA: THE WEBSTER
FOTO: DROR BALDINGER
PÁG.: 50, 51

ESTÚDIO: BJARKE INGELS GROUP
SITE: BIG.DK
MARCA: GALERIES LAFAYETTE
FOTO: MICHEL FLORENT & BIG (BJARKE INGELS GROUP)
PÁG.: 52, 53, 57

ESTÚDIO: BJARKE INGELS GROUP
SITE: BIG.DK
MARCA: GALERIES LAFAYETTE
FOTO: MATTHIEU SALVAING & BIG (BJARKE INGELS GROUP)
PÁG.: 54, 55

ESTÚDIO: NENDO
SITE: NENDO.JP
MARCA: 24 ISSEY MIYAKE
FOTO: DAICI ANO
PÁG.: 59, 60

MARCA: CAROLINA HERRERA
SITE: CAROLINAHERRERA.COM
FOTO: CORTESIA DE CAROLINA HERRERA
PÁG.: 63, 64, 65, 66, 67

ESTÚDIO: ONE DESIGN OFFICE
SITE: ODO.CO
MARCA: SCROLL
FOTO: TOM BLACHFORD
PÁG.: 69, 70, 71

CRÉDITOS

ESTÚDIO: TRIPSTER
SITE: TRIPSTERS.NET
MARCA: #FFFFFFT
FOTO: GYOYTA TANAKA
PÁG.: 72, 73

ESTÚDIO: KENGO KUMA
SITE: KKAA.CO.JP
MARCA: VALEXTRA
FOTO: SDL STUDIO
PÁG.: 74, 77, 78, 79

ESTÚDIO: VINSON & CO
SITE: NICKVINSON.COM
MARCA: BIRKENSTOCK
FOTO: DEPASQUALE + MAFINI
PÁG.: 81, 82, 83, 84

ESTÚDIO: NENDO
SITE: NENDO.JP
MARCA: MARSOTTO
FOTO: HIROKI TAGMA
PÁG.: 86, 87, 88, 89

MARCA: CHANEL
SITE: CHANEL.COM
FOTO: LAPRESSE/ALAMY FOTO DE STOCK
PÁG.: 91

ESTÚDIO: UBI-BENE
SITE: UBI-BENE.FR
MARCA: IKEA
FOTO: CORTESIA DE UBI-BENE
PÁG.: 92, 93

ESTÚDIO: RETAIL DESIGN LAB
SITE: RETAILDESIGNLAB.COM.BR
MARCA: NAMARI MULTIBRAND
FOTO: CAROLINA MOSSIN
PÁG.: 94, 96, 97, 98, 99, 100, 101

ESTÚDIO: SERGIO MANNINO STUDIO (S. MANNINO, M. GUANDALINI)
SITE: SERGIOMANNINO.COM
MARCA: MEDLY PHARMACY
FOTO: CHARLIE SCHUCK
PÁG.: 103, 105

ESTÚDIO: JONATHAN OLIVARES
SITE: JONATHANOLIVARES.COM
MARCA: CAMPER
FOTO: DANIELE ANSIDEI
PÁG.: 107, 110, 112, 113

ESTÚDIO: RABIH GEHA ARCHITECTS
SITE: RABIHGEHA.COM
MARCA: IMAGES D'ORIENT
FOTO: TONY ELIEH
PÁG.: 114, 115

ESTÚDIO: PISTACHE GANACHE
SITE: PISTACHEGANACHE.COM
MARCA: RYZI
FOTO: FELCO
PÁG.: 117, 118, 121

ESTÚDIO: RAFAEL DE CÁRDENAS, LTD.
SITE: RAFAELDECARDENAS.COM
MARCA: KENZO
FOTO: PILMO KANG
PÁG.: 123, 124, 125

ESTÚDIO: ESTUDIO TUPI
SITE: ESTUDIOTUPI.COM
MARCA: SAUER
FOTO: RUY TEIXEIRA
PÁG.: 127, 128, 129

ESTÚDIO: DIMORESTUDIO
SITE: DIMORESTUDIO.EU
MARCA: EXCELSIOR MILANO
FOTO: PAOLA PANSINI
PÁG.: 131, 132, 133

ESTÚDIO: STUDIO 10
SITE: STUDIO10.CO
MARCA: GEIJOENG
FOTO: CHAO ZHANG
PÁG.: 134, 135, 136, 137

ESTÚDIO: NOKE ARCHITECTS
SITE: NOKEARCHITECTS.COM
MARCA: KOPI
FOTO: NATE COOK PHOTOGRAPHY
PÁG.: 140, 141, 143

ESTÚDIO: CLAP STUDIO
SITE: WEARECLAP.COM
MARCA: LITTLE STORIES
FOTO: DANIEL RUEDA
PÁG.: 144, 145, 146, 147

ESTÚDIO: CURIOSITY
SITE: CURIOSITY.JP
MARCA: FENDI
FOTO: CORTESIA DE FENDI
PÁG.: 150, 151

ESTÚDIO: CURIOSITY
SITE: CURIOSITY.JP
MARCA: FENDI
FOTO: SATOSHI SHIGETA
PÁG.: 152, 153

ESTÚDIO: NENDO
SITE: NENDO.JP
MARCA: BBYB
FOTO: DAICI ANO
PÁG.: 155, 156, 157

RETAIL DESIGN HUB

ESTÚDIO: WANDA BARCELONA
SITE: WANDABARCELONA.COM
MARCA: DIOR
FOTO: CORTESIA DE DIOR
PÁG.: 161, 162, 164, 165

ESTÚDIO: CAMPUS
SITE: THECAMPUS.SE
MARCA: CHIMI
FOTO: ERIK UNDÉHN
PÁG.: 167, 168, 169

ESTÚDIO: SCHEMATA ARCHITECTS
SITE: SCHEMATA.JP
MARCA: DESCENTE BLANC
FOTO: KENTA HASEGAWA
PÁG.: 171, 172, 174, 175

ESTÚDIO: MASQUESPACIO
SITE: MASQUESPACIO.COM
MARCA: BREATHE
FOTO: MATEO SOTO
PÁG.: 176, 177

ESTÚDIO: MICKAËL GOURET
SITE: MICKAELGOURET.COM
MARCA: LA CHAMBRE
FOTO: NICOLAS MATÉUS
PÁG.: 178, 180, 181

ESTÚDIO: CAROLINA MALUHY
SITE: CAROLINAMALUHY.COM
MARCA: A. NIEMEYER
FOTO: ILANA BESSLER
PÁG.: 182, 183

ESTÚDIO: ARQUITECTURA-G
SITE: ARQUITECTURA-G.COM
MARCA: ACNE STUDIOS
FOTO: JOSÉ HEVIA
PÁG.: 184, 185, 187, 188

ESTÚDIO: STUDIO ANIMAL
SITE: STUDIOANIMAL.ES
MARCA: MUNICH
FOTO: JOSÉ HEVIA
PÁG.: 190, 192, 193

ESTÚDIO: COORDINATION ASIA
SITE: COORDINATION.ASIA
MARCA: NIKE
FOTO: CHARLIE XIA/CORTESIA DE COORDINATION ASIA
PÁG.: 194, 195

ESTÚDIO: JOHANNES TORPE
SITE: JOHANNESTORPE.COM
MARCA: UNITED CYCLING
FOTO: ALASTAIR PHILIP WIPER
PÁG.: 197, 198, 199, 200, 201

ESTÚDIO: COORDINATION ASIA
SITE: COORDINATION.ASIA
MARCA: THE NORTH FACE
FOTO: CHARLIE XIA/CORTESIA DE COORDINATION ASIA
PÁG.: 202, 203, 204, 205

ESTÚDIO: OHLAB
SITE: OHLAB.NET
MARCA: IN-SIGHT
FOTO: PATRICIA PARINEJAD
PÁG.: 206, 207, 208, 209

ESTÚDIO: CURIOSITY
SITE: CURIOSITY.JP
MARCA: HIPANDA
FOTO: SATOSHI SHIGETA
PÁG.: 211, 212, 213

ESTÚDIO: CARBONDALE
SITE: CBDARCH.COM
MARCA: DOLCE & GABBANA
FOTO: CORTESIA DE CARBONDALE
PÁG.: 214, 215, 216, 217

ESTÚDIO: MARCH STUDIO
SITE: MARCH.STUDIO
MARCA: SNEAKERBOY
FOTO: ROSS HONEYSETT
PÁG.: 218, 219, 220, 221

MARCA: GUCCI
SITE: GUCCI.COM
FOTO: CORTESIA DE PABLO ENRIQUEZ PARA GUCCI
PÁG.: 223, 224, 225, 226, 227

MARCA: MUJI
SITE: HOTEL.MUJI.COM/EN
FOTO: CORTESIA DE MUJI
PÁG.: 228, 229, 230, 231

ESTÚDIO: DIMORESTUDIO
SITE: DIMORESTUDIO.EU
MARCA: AESOP
FOTO: PAOLA PANSINI
PÁG.: 232, 235, 236, 237

ESTÚDIO: SIMPLICITY
SITE: SIMPLICITY.CO.JP
MARCA: AESOP
FOTO: NACASA & PARTNERS INC
PÁG.: 238, 239, 240, 241

ESTÚDIO: WEISS-HEITEN
SITE: WEISS-HEITEN.COM
MARCA: AESOP
FOTO: CORTESIA DE AESOP
PÁG.: 242, 243

ESTÚDIO: EVVO RETAIL
SITE: EVVORETAIL.COM
MARCA: MIETIS
FOTO: NEREA GARRO
PÁG.: 245, 246, 247

CRÉDITOS

ESTÚDIO: KEYSTONE STUDIO
FACEBOOK: /KEYSTONESTUDIO
MARCA: SIAM DISCOVERY
FOTO: CORTESIA DE KEYSTONE STUDIO
PÁG.: 248, 249

ESTÚDIO: DESIGNLIGA
SITE: DESIGNLIGA.COM
MARCA: PORSCHE
FOTO: STUTTGART SPORTS CAR LTDA. (SSCL)
PÁG.: 250, 251, 252, 253

ESTÚDIO: CHAMELEON VISUAL
SITE: CHAMELEONVISUAL.CO.UK
MARCAS: EMILIO PUCCI E BONAVERI
FOTO: LAPO QUAGLI
PÁG.: 255, 256, 257, 258, 259

MARCA: VANS
SITE: VANS.COM
COLLAB: KK OUTLET
FOTO: JAMES NORTH/MIKE PALMER
PÁG.: 260, 261, 262, 263

MARCA: ACE&TATE
SITE: ACEANDTATE.COM
FOTO: LENNART WIEDEMUTH
PÁG.: 265, 266, 267

ESTÚDIO: OFICINA PENADÉS
SITE: OFICINAPENADES.COM
MARCA: CAMPER
FOTO: JOSÉ HEVIA
PÁG.: 268, 269, 270, 271

MARCA: TIFFANY & CO.
SITE: TIFFANY.COM
FOTO: JOSÉ HEVIA
PÁG.: 272, 274, 275, 276, 277

ESTÚDIO: LAURA GONZALEZ
SITE: LAURAGONZALEZ.COM
MARCA: CHRISTIAN LOUBOUTIN
FOTO: CORTESIA DE CHRISTIAN LOUBOUTIN
PÁG.: 278, 279, 280, 281

ESTÚDIO: TCHAI INTERNATIONAL
SITE: TCHAI.NL
MARCA: DHL
FOTO: MOKUM @ SALON D'AUTONOME/JAAP VLIEGENTHART
PÁG.: 283, 284

ESTÚDIO: TOKUJIN YOSHIOKA
SITE: TOKUJIN.COM
MARCA: HOMME PLISSÉ ISSEY MIYAKE
FOTO: MASAYA YOSHIMURA
PÁG.: 286, 287

ESTÚDIO: CHECKLAND KINDLEYSIDES
SITE: CHECKLANDKINDLEYSIDES.COM
MARCA: JOSEPH CHEANEY & SONS
FOTO: CORTESIA DE CHECKLAND KINDLEYSIDES
PÁG.: 288, 289

ESTÚDIO: DIMORESTUDIO
SITE: DIMORESTUDIO.EU
MARCA: LANVIN
FOTO: PAOLA PANSINI
PÁG.: 290, 293, 294, 295

BIBLIOGRAFIA

8 WAYS TO Diversify Retail. Frame, Amsterdã, Retail III, n. 110, p. 168-183.

ARCHDAILY. Broadcasting Architecture Worldwide. Disponível em: https://www.archdaily.com.

BOZZI, Nicola. Show-Case: with the refurbishment of Palazzo Fendi, the luxury brand of the same name puts retail and hospitality under one roof, living fashion fans and travellers in one feel swoop. Frame, Amsterdã, Retail III, n. 110, p. 184.

DEZEEN. Architecture and design magazine. Disponível em: https://www.dezeen.com.

FRAME WEB. Disponível em: https://www.frameweb.com.

FRAME. Power Shop 6: Retail Design Now. Frame: Amsterdã, 2019.

GALINDO, Michelle. Fashion Worlds: Contemporary Retail Spaces. Braun, 2012.

GENSLER. White Paper: ROI of Design. Retail and Consumer Experience. Gensler, maio 2014.

GEORGI, Will. Hands on: as Hanns Boodt Mannequins prepares to enter the premium market, owner Marco Ouwerkerk discuss the future of retail and how to adapt it. Frame, Amsterdã, Retail III, n. 110, p. 218-221.

MATHARU, Gurimit. What is fashion design? Rotovision: 2010.

MONSA, Instituto Monsa de Ediciones. Escaparates del mundo. Barcelona: 2016.

BIBLIOGRAFIA

MORGAN, Tony. Visual Merchandising: Escaparates e Interiores Comerciales. Barcelona: Gustavo Gili, 2008.

QUINN, Bradley. Fashion Fandoms: from curated exhibition to engrossing brandscapes, Bradley Quinn investigates what's in store for fashion retail. Frame, Amsterdã, Retail III, n. 110, p. 162-167.

RETAIL DESIGN HUB. Curated platform showcasing modern conceptual and storytelling retail spaces. Disponível em: https://www.instagram.com/retaildesignhub/.

SERRATS, Marta. P.O.P.: Diseño de Puntos de Venta. Barcelona: Maomao, 2006.

SUPER FUTURE. New Shops. Disponível em: https://superfuture.com/category/new-shops/.

TEUFEL, Philipp; ZIMMERMANN, Rainer. Holistic Retail Design: Reshaping Shopping for the Digital Era. Frame: Amsterdã, 2015.

WHAT'S THE MATTER? Design for a physical world. Frame, Amsterdã, Retail III, n. 110, p. 193-194.

AGRADECIMENTOS

Três anos se passaram desde que decidi escrever um livro sobre retail design. Parecia um sonho. Uma palavra da boca para fora. Foram três anos de dedicação, insistência e foco sobre um tema que sempre me motivou. Um ano de muita escrita e pesquisa, outro ano de autorizações e procura de imagens e mais um de negociações e edição.

Em primeiro lugar gostaria de agradecer aos meus pais, Heloisa e Carlos, que sempre acreditaram em mim e me ajudaram a juntar todas as ferramentas possíveis para seguir meus sonhos. Que me encorajaram a desbravar o mundo e descobrir essa área a que eu tanto me dedico e pela qual sou apaixonada.

Gostaria de agradecer a todas as marcas, fotógrafos, arquitetos e designers do mundo inteiro que autorizaram e aceitaram fazer parte do livro. Obrigada por acreditarem nele e terem dedicado um pouquinho do seu tempo a ele. Sem a ajuda de cada uma dessas pessoas, a curadoria e as imagens incríveis não estariam aqui presentes.

Também gostaria de dedicar este agredecimento a todos os amigos, familiares e colegas, tanto os que me apoiaram nesta ideia quanto os que me ajudaram a construí-la. Aos amigos e familiares que sempre vibram com as minhas conquistas: Paulo, Ludovica, Macarena, Ana Luiza, Alessia, Priscila, Daniela, Camila, Renata, Eduardo, Luiza, Marcelo, Maysa, Gabriela, Maria Claudia, Claudia, Ruth, Regina. E aos amigos que me ajudaram com conexões, com suas habilidades e até mesmo com seu lindo trabalho: Leonardo, Maria Julia, Fernanda, Beatriz, Amanda, Claudia, Aldo.

E a muitos outros que estiveram comigo nesta pequena jornada de três anos e na grande trajetória da minha vida.

Meu sincero: muito obrigada!

> **Obrigada a todos que estiveram comigo nesta pequena jornada de três anos ou até mesmo na grande jornada da minha vida.**

Esta obra foi composta em GT America 12 pt e impressa em
papel couché 115 g/m² pela gráfica Loyola.